[写真]

**ベニー・グール**（Benny Gool）

マンデラと親交のあった数少ないフォトジャーナリストのひとり。南アフリカ報道写真家賞
など受賞多数。個人的なクライアントに、故ネルソン・マンデラ、デズモンド・ツツ名誉大主教、
アメッド・カスラーダ、オプラ・ウィンフリーや「エルダーズ」〔世界の指導者による組織〕など。
その仕事は南アフリカだけでなく国際的にも広く出版・展示されてきた。現在はオリックス・
マルチメディアのディレクターとしてケープタウンを拠点に活動している。

[著]

**ロジャー・フリードマン**（Roger Friedman）

ジャーナリスト。南アフリカの元新聞記者でアパルトヘイト政策から民主主義への移行につ
いて執筆。1996 年、グールとともに真実和解委員会に関する報道をし、翌年より2度の重要
な全国調査をもとに人種に関する考え方を特集記事『True Colours』にまとめる。2000 年、グー
ルとマルチメディア制作会社を設立、ネルソン・マンデラの財団や博物館などと活動。デズ
モンド・ツツ名誉大主教、デズモンド＆リア・ツツ・レガシー財団との活動も長年おこなう。

[訳]

**金原瑞人**（かねはら・みずひと）

1954 年岡山市生まれ。法政大学教授・翻訳家。訳書は児童書、YA（ヤングアダルト）小説、
一般書、ノンフィクションなど 500 点以上。訳書に『不思議を売る男』『青空のむこう』『さ
よならを待つふたりのために』『月と六ペンス』『このサンドイッチ、マヨネーズ忘れてる／
ハプワース 16、1924 年』、エッセイ集に『サリンジャーに、マティーニを教わった』、日本の
古典の翻案に『雨月物語』『仮名手本忠臣蔵』、監修・著書に『13 歳からの絵本ガイド　YA
のための 100 冊』（小社刊）など。

**松浦直美**（まつうら・なおみ）

愛知県出身。アジア・アート・アーカイヴ、『ART iT』編集部を経て、翻訳家として活動し
ている。訳書に『世界のアート図鑑』、「ヒミツの子ねこ」シリーズ、『新編シアーズ博士夫妻
のマタニティブック』『日めくりマタニティブック』がある。

**ネルソン・マンデラ　その世界と魂の記録**

2018 年 11 月 1 日　初版第 1 刷発行

写　真　ベニー・グール
著　　　ロジャー・フリードマン
訳　　　金原瑞人、松浦直美

発行人　西村正徳
発行所　西村書店 東京出版編集部
　　　　〒102-0071 千代田区富士見 2-4-6
　　　　TEL 03-3239-7671　FAX 03-3239-7622　www.nishimurashoten.co.jp
印　刷　三報社印刷株式会社
製　本　株式会社難波製本

ISBN 978-4-89013-793-0　C0023

# ネルソン・マンデラ
## その世界と魂の記録

［写真］ベニー・グール

［著］ ロジャー・フリードマン

［訳］ 金原瑞人　松浦直美

西村書店

写真クレジット：
Africa Media Online p.10, 12, 51 ,53, 54, 56, 59, 70, 86, 87, 186, 112-113, 117
UWC – Robben Island Museum Mayibuye Archives, p. 69, 199
Digital News Productions p. 35, 189

# ネルソン・マンデラ
## その世界と魂の記録

ネルソン・マンデラ財団のご協力に心より感謝する。

# 目 次

＊本文中のカッコは、原則として次のように使い分けている。（　）＝原注、〔　〕＝訳注

# 序 文

歴史的な出来事の渦中にいる人間には、自分が将来、歴史にどう書かれるのかはまずわかりません。時間がたって初めて、多くのことが明らかになるからです。

当時からはっきりしていたことですが、確実にいえるのは、ネルソン・ホリフラフラ・マンデラはすばらしく有能で高潔な人物であり、立派な指導者たちのかじ取りをしたということ、そして、南アフリカが消滅の危機にあるときに、和解には回復力があるのだと世界に知らせたことです。

また、マンデラが"ウブントゥ"という考えを象徴していたことも確かでしょう。つまり、人類はだれもが相互依存の関係にあることをよく理解していたのです——黒人と白人、ユダヤ教徒とイスラム教徒、富める者と貧しき者、迫害する者とされる者。だから、大統領に就任し、生涯にわたる反アパルトヘイト闘争が正しかったと証明できたときにも、勝ち誇ることはありませんでした。彼を投獄した人々への恨みを露わにすることもありませんでした。それどころか、敵味方の区別なくみんなをテーブルにつかせ、食事をふるまうだけでなく、心から寛大で思いやり深く接したのです。

マンデラは、世界的なシンボルになりました。公正であること、深く思いやること、許すことのシンボル、つまり希望のシンボルです。もちろん、世界は驚いてマンデラを見守りながら、こう考えました。南アフリカが、目をそむけたくなるような毛虫からみごとな蝶へと無事に変貌を遂げられたなら、イスラエルとパレスチナの人々や、スーダン、ミャンマー、コロンビアの人々にも希望がある、と……。

しかし不確かなことがあります。南アフリカであとを引き継いだ政治家たちが、マンデラの遺したものをどこまで損なうのかという不安もあります。マンデラは、無私の融和的復興という樹を植えましたが、その樹はマンデラが大統領職を退くと間もなく枯れはじめました。マンデラが着手したプロジェクトの数々——例えば、南アフリカ真実和解委員会——は、干からびてしまいました。被害を修復し、賠償をするべきだという非常に重要な助言は、無視されてしまったのです。

マンデラが公の場に姿をみせなくなると同時に、不安はどんどん高まっていきました。相変わらず、貧困、不平等、失業といった状況が南アフリカにはびこっています。国民は、マンデラの政策や和解は間違っていたのではないか、敵は排除すべきだったのではないか、と疑問を持ちはじめました。

わたし個人の見解ですが、マンデラの後継者たちは、マンデラにも南アフリカにもひどい仕打ちをしました。わたしたちは、過去に歩んだことのない道を一気に進み、よりよい場所へと向かっていました。しかし、わたしたちは目的地に到達する前に道をそれてしまいました。まるで、その場所をみてもいないのに、その果実を味わってもいないのに、もういらないといわんばかりです。いま、偉大な指導者はいなくなり、わたしたちは知らず知らずのうちに違う道をたどっています……空腹に耐えきれず、忍耐も尽きてしまいそうです。

多くの人々が、マンデラの足跡をたどって歩くといっていますが、それは時がたたなければわかりません。だれかひとりでも資質に恵まれ、マンデラの歩んだ、たいていの人は選ばない道を再びみつけられる人物がいるかどうかは、いまはまだわからないのです。

**デズモンド・ツツ名誉大主教**

# はじめに

南アフリカ共和国は比較的大きな国だ。
およそ 2800 キロにおよぶ海岸線があり、
アフリカ大陸の南端で、大西洋とインド洋
に面している。研究者によると、
面積では世界で 25 番目に大きいという。

化石によれば、現生人類は少なくとも 17 万年前から南アフリカに住んでいたことが分かっている。つまり、ヨーロッパの探検家たちがこの地を発見したという時点から、およそ 16 万 8500 年前には、すでに人が住んでいたのだ。最初、ここに住みついたのはコイ人（遊牧民族）とサン人（狩猟採集民族）だった。また、鉄器を使っていたバントゥー系農耕・牧畜諸民族が、南アフリカ北部にはるか紀元前 3、4 世紀からいたという証拠も見つかっている。

　海を渡って最初に南アフリカを訪れたのはフェニキアの商人だったと考えられている。遠く中国の工芸品が、12〜13 世紀にこの国の北部にあった複数の交易所の跡でみつかっている。1869 年にスエズ運河が建設されるまでの数百年の間、ヨーロッパとアジアを結ぶ海路のほぼ中間地点に位置する南アフリカは、商業的にとても重要な場所だった。船は、修理や水と生鮮品の補給のためにケープタウンに寄港した。それは面倒だが必要なことだったのだ。富へと向かう中継地点であり、香辛料や奴隷の貿易ルートの途中にある停泊所なのだから。最初にここを訪れた者たちは、この土地にはまったく価値を見出さなかった。この地にダイヤモンドや黄金が埋もれていることにはまだ気づいていなかったのだ。彼らは肉を手に入れるために現地の人々と物々交換をしたが、多少の不安もあり、ほとんどの場合、用事が終わるとすぐ立ち去った。植民地時代以前の南アフリカには、しかたなく滞在しているよそ者——逃亡奴隷、海賊、難破船の生存者——も少数いた。大海から吐き出された流れ者たちだ。1652 年、オランダは正式にケープタウンの管理権を得るための対策を講じ、恒久的な入植地を設けることにした。そしてそのために、世界の多国籍企業の草分けのひとつであるオランダ東インド会社は、3 隻の船を派遣した。これを率いたのがヤン・ファン・リーベックだった。

1700 年代の終わり頃、オランダ商人の力が弱まりはじめると、イギリス人がそれにとってかわり、最終的には 1806 年、ナポレオン戦争中にケープタウンを占領した。当時のケープタウンの人口構成はおよそ、奴隷が 2 万 5000 人、解放奴隷が 1000 人、コイ人とサン人が 1 万 5000 人、白人および白人の血の混じった入植者が 2 万人だった。これらの人々が太い糸や、細い糸や、さらに細い糸となって 1 枚の織物をかたちづくっていた。これを、ずっと後にデズモンド・ツツ大主教は「虹の国」と呼んだ。

　19 世紀前半、イギリスで起こったふたつの大きな出来事が、南アフリカに重大な影響をおよぼした。ひとつは、ナポレオン戦争のためにイギリス経済が疲弊したことだ。貧困と失業が広がり、イギリス国民は植民地に移住するよう奨励された。1820 年には、約 4000 人があらたに南アフリカに到着し、ケープタウンの東に入植している。このときの入植地は慎重に選ばれ、植民地政府管轄下の土地の東に決まった。コサ語を話す民族の土地だ。もうひとつは、イギリスで 1833 年に奴隷制が廃止されたことで、その 5 年後、ケープ植民地でも奴隷制が廃止された。オランダ語（またはケープダッチ）を話す住民は奴隷制廃止を受け入れず、内陸に移って自治領を作った。この移住者たちはフォールトレッカーズと呼ばれ、彼らの移動はグレート・トレックと呼ばれる。白人の居住地拡張の触手は止めようもなく北へ東へと伸び、いく先々の人々を服従させ、先祖代々の土地を奪っていった。現在の南アフリカの国境は、まだ定まっていなかった。

　コサ語は、ズールー語、北ンデベレ語とともに南アフリカのングニ語群に属する言語であり、ングニ諸語は、バントゥー語というさらに大きな言語群を形成し、これはサハラ砂漠以南のアフリカのほとんどの地域で使われている。何世紀にもわたり、コサ語を使用するさまざまな民族は今日東ケープ州と呼ばれる南アフリカの地域に定住していた。ここはクワズールー・ナタール州のすぐ南にあたる。これらの民族にはコサ人、ムポンド人、テンブ人が含まれ、それぞれの話し言葉に特有のなまりがあり、民族ごとに住む土地が決まっており、独自の指導者と独自の社会的・文化的慣習のもとで暮らしていた。コサ語を話す人々が先祖代々の土地を奪われるようになったのは、ケープ植民地がまだオランダ領だった 1770 年代だった。ハムトース川とブッシュマンズ川の間にある比較的小さな土地を併合したことが発端だった。イギリス人が入植してくるとまもなく、1811 年から 1853 年までの間に土地をめぐる一連の争いがはじまった。東ケープに住み、その土地で生活してきた者たちは、勇敢に土地を守ろうとした。しかし、1857 年にこの地方を飢饉が襲い、何万人ものコサ人が死亡したため、激しい抵抗はほとんどなくなっていた。このような状況下で、伝統的な指導者や王、首長——代々一族を統率してきた指導者たち——は、自らの権限と民衆の権利を放棄するという取り返しのつかない協定を結ぶよう、説き伏せられたのだ。

　「1875 年 12 月 24 日、テンブ人は政府に土地を取り上げられ、新たにイギリス政府の支配下に置かれることとなった。イギリスのユニオンジャックがテンブランドに掲げられた」ローダのテンブ民族の王の側近、EG・シヘーレは、論文『Who are the abaThembu and where do they come from?（テンブ人は何者で、どこからきたのか？）』でこのように記述している。

　1875 年 10 月、植民地の役人と首長たちとの会合が開かれ、併合の諸条件が決められた。クラークベリー・インスティテュート（ネルソン・ホリフラフラ・マンデラが 1934 年から在籍した高等学校）でのことだった。従属を強いる諸条件は首長たちにとって屈辱的なものだった。植民地政府は、首長たちの権限を思い切り制限し、わずかばかりの年俸を支払うことにした。「上記の首長たちは、それぞれの従属国の長であり、政府はこの者たちを首長とみなし、上記の俸給を支払うものとする」

（協定の第7条より）。いまやテンブの国の最高指導者は、ロンドンのバッキンガム宮殿にいるヴィクトリア女王となったのだ。首長たちは税金の取り立てに使われ、テンブ人は金を稼ぐために白人のために働かざるを得なくなる。そんな兆しがみえていた。

　植民地統治者と首長の間でこの歴史的な"クリスマスイブ"協定の調印に先立って、イギリスはそれまでの南アフリカにおける伝統的支配を無視することをほのめかし、テンブ人の王、ンガンゲリズウェに合意した年俸は支払うものの、不正を理由に首長権をしばらく取り上げるといっている。EG・シヘーレは論文に、民衆は政府に感謝していたと記している。しかし、ンガンゲリズウェ王の権利剥奪を深刻に受け止める者はいなかったという。なぜなら「テンブ人たちは、イギリス政府が首長への忠誠心や敬意を放棄させようとしているなどとは思いもしなかった」からだ。

　「そうして彼らはンガンゲリズウェ王に従った。王に服従しないというものはひとりもいなかった」

　テンブランドの人々がイギリスの命令に従っていないことが明らかになると、植民地政府は王の復権を宣言した。テンブ人はその宣言をも無視したと、EG・シヘーレは冷ややかに記している。イギリス人を無視してンガンゲリズウェ王に従ったことは、テンブ人の年代記における重要な瞬間だった。これを皮切りに、人と土地の支配をめぐっての、白人植民地権力と原住民権力による腕相撲が何度となくくり返されることになる。イギリス政府は従来の権力をつぶそうとはせず、管理下に置き巧みに操ろうとした。長期的な展望のもとに、伝統的な指導者たちを政府の代理指導者として、人々を統率し、安定した労働力を提供させようとしたのだ。

　セシル・ジョン・ローズはダイヤモンド鉱山を掘り当てて一大帝国を築き上げ、1890年から1896年までケープ植民地の首相を務めた人物だが、彼はそのときのことを巧みに表現している。「我々は新天地を見つけなければならない。容易に原料を獲得でき、植民地の原住民という安価な奴隷労働を利用できる新天地を。また、植民地は本国の工場で余っていた商品の処分場を提供してくれるのだ」

　ンガンゲリズウェ王は21年間在位し、1894年12月31日に亡くなった。王位は息子のダリンディエボが継承し、テンブ人の歴史の中でもカリスマ的なこの人物は35年間在位した。そしてダリンディエボ王の息子、デヴィッド・ジョンギンタバこそ、のちに若きネルソン・ホリフラフラ・マンデラの人格形成に重要な役割を果たす人物だ──が、そのエピソードは、もう少し先の話だ。ダリンディエボ王は、一部の歴史家が"曖昧な従属"と称する状態をつくり出した。これはまさに入植側権力が望んだことだった。ダリンディエボ王は、テンブ人指導者としては正式な教育を受けた初めての人物だった。イギリスを2度訪れ、1902年にはエドワード7世の戴冠式に出席している。また、自動車を運転した初のテンブ人王でもあった。

左：セシル・ジョン・ローズ　（Africa Media Online 提供）
上：ケープ東部の風景

その一方で、王のライフスタイルの犠牲になったものも大きかった。「ダリンディエボは一貫して忠実で、政府の役人に非常によく協力してくれた。政府の命令や、また、法律の運用に関してなんらかの反発が予想されるときにはいつも、ダリンディエボの力を借りた」。原住民問題担当大臣はこう覚書に記している。ダリンディエボ王の在位中には南アフリカとその国民にとって重要な出来事

が起こっている。1894年に制定されたグレン・グレイ法は、イギリスに服従する原住民指導者のもとに地区議会を設立するための植民地協定書だった。この法律を導入した首相、セシル・ジョン・ローズはイギリス議会で「我々（白人）は近々、彼ら（黒人）の主人となるだろう」と述べている。地区議会設立の目的は、原住民族の思考を地元の問題に集中させて、イギリス議会から目をそらせるためだった。続いて、トランスカイ議会が発足した。「地方議会を作るよう提案したことで、強制ではなく、彼らが自主的に税を課し、橋梁建設のための資金を作ることになった」と、ローズはいっている。

これは、アフリカ人の関心を国家的な問題に向かわせないようにするという発想だった。国家的な問題は彼らを団結させる可能性がある。逆に、植民地政府はアフリカ人を独立した民族集団に分けてしまい、民族的な優越主義に関心をもたせたのだ、と1990年にゴヴァン・ムベキ〔アフリカ民族会議（ANC）および南アフリカ共産党の中心的人物〕は記している。1899年から1902年にかけての南アフリカ戦争〔ボーア戦争〕、すなわちイギリス人とアフリカーナー〔南アフリカに入植したオランダ系の白人移民。ボーア人〕の間に起こった土地と経済の支配をめぐる戦争の後、双方の指導者は合意に達した。イギリス人とアフリカーナーには、相違点よりも共通点のほうが多くある。そして両者は相違点を解決し、1910年に南アフリカ連邦を設立した。南アフリカの黒人は、それまでイギリス人かアフリカーナーかどちらかについて戦い命を捨ててきたのに、切り捨てられてしまった。指導的な知識人たち——多くはテンブ人だった——が、1912年、白人の圧政に抵抗し、民主主義を確立するためにANCを結成すると、ダリンディエボ王はANCの代表者たちの食糧にと、牛を東ケープからANC発足の地であるブルームフォンテインに送った。翌1913年には、原住民土地法と呼ばれる恐ろしく差別的な法律が制定された。ソル・プラーチェは有名な著書『Native Life in South Africa（南アフリカ原住民の暮らし）』で、次のような恐ろしい言葉を書き残している。「1913年6月20日は金曜日だった。この日の朝、目覚めると、南アフリカ原住民は奴隷ではないのに、生まれ育った地から締め出されたも同然だった」。南アフリカの黒人の首にかかった縄はとてもきつくなっていた。ダリンディエボ王は1920年に亡くなり、その後短期間はシリメラ首長が摂政を務めた。そして、ジョンギリズウェ王が、1924年に王位に就いた。彼はクラークベリー・インスティテュートとラヴデール・カレッジで教育を受けていた。

テンブランドの伝統的な指導者のなかに、ムヴェゾの村の首長、ムパカニスワ・ガドラ・ヘンリー・マンデラがいた。ムパカニスワ首長はダリンディエボ王の相談役のひとりで、後継者たちに

も引き続き助言していた。ところが 1925 年、ムヴェゾの村の数人が、首長に対する不満を警察に持ちこんだ。行方不明の牛と、土地の割り当てに関する不満だった。ムパカニスワ首長は地元の治安判事に呼ばれたが、呼び出しには応じなかった。治安判事には、文化的な領域や伝統の領域、もしくはその双方にまたがることに対する権限はないと考えていたのだ。首長はただちに不服従の罪で告発され、解任された。このことは、首長一家にとっては大きな経済的打撃となった。ジョンギリズウェ王にはなんの相談もなかったので、王が介入する余地はなかった。ムパカニスワ首長は妻たちと子どもたちを伴ってムヴェゾを去り、緑豊かなテンブランドの丘をおよそ 25 キロ、クヌという隣村まで歩いていった。やがてジョンギリズウェは王の座に就いて 3 年半たったころ、腸チフスで亡くなった。まだ 28 歳という若さで、ゆくゆくは王位に就く息子のサバタが生まれたばかりだった。このような状況下でデヴィッド・ジョンギンタバが摂政（王の代理）の地位に就くこととなった。摂政がもっとも信頼する相談役のひとりに、ムパカニスワ首長がいた。ジョンギンタバを摂政にもっとも強く推薦したのがムパカニスワ首長だったといわれている。そのジョンギンタバこそ、幼くして父を亡くしたホリフラフラ・マンデラの成長に非常に重要な役割を果たした人物だった。

　南アフリカ政府がテンブ人の伝統的な指導者たちを完全に無力化するのは、それから 50 年先のことだった。1980 年、ンガンゲリズウェ、ダリンディエボ、ジョンギリズウェと続いた歴史的な王の系統は途切れた。サバタ王は退位させられ、下位王族の親戚が王位に就いたのだ。2007 年、ムヴェゾ村の伝統的な首長の地位はマンデラ家に戻された。現在その称号をもっているのは、ホリフラフラ・ネルソン・マンデラの長男の長男、ズウェリヴェリレ・マンドラ・マンデラ首長である。テンブ人の王冠は、サバタ王の息子でよく物議をかもしている、ブイェレカヤ・ダリンディエボ王の頭に（しかたなく）のせられている。

左：ダリンディエボ王
上：伝統舞踊のダンサー

1918 年 7 月 18 日に生まれる前から、
ホリフラフラ・マンデラはすでに指導者として
運命づけられ、人としての尊厳と権利を
奪われた人々の不安の渦中にいた。

# 星の誕生

1918 年は、世界的に厳しい年だった。第一次世界大戦が終わったかと思うと、インフルエンザが世界中で大流行した。感染者は約 5 億人にのぼり、5000 万から 1 億の命が奪われた。マンデラ家の赤子につけられたホリフラフラ（"トラブルメーカー"の意）という名には、当時の人々の願いと祈りがこめられていた。南アフリカのその世代の人々は、訳がわからないまま不当に変えられてしまった人生を、なんとか乗り切る術をさがしていたのだ。マンデラの父、ムパカニスワ・ガドラ・ヘンリー・マンデラ首長は、当時は伝統的な指導者として、ムバシェ川沿いにあるムヴェゾ（ウムタタ地区）を治めていた。しかしムパカニスワ首長の役割は、マンデラが生まれたムヴェゾにとどまらず、ダリンディエボ王の相談役も担っていた。伝統的な指導者たちが権力を放棄させられた時代のことだった。当時、マンデラの母ノセケニ・ファニーは、4 人の妻がいるムパカニスワ首長の第 3 夫人だった。マンデラは自伝『自由への長い道』で、家庭内の取り決めや慣習について次のように記している。

「妻——本妻、右手の妻、左手の妻、イカディ〔コサの伝統では通常、本妻のサポートをする家とされる〕の妻——はそれぞれ柵で囲われたクラールと呼ばれる家屋敷をもっていた。クラールには通常、家畜用の簡素な柵の囲い、作物を育てる畑、1 軒ないし数軒の草葺き屋根の家がある。父の妻たちのクラールは、それぞれ遠く離れており、父がその間を行き来していた。4 カ所を回りながら、父は全部で 13 人の子ども——男 4 人、女 9 人——をもうけた。わたしは右手の家のひとり目の子どもで、父の 4 人の息子のなかではいちばん下だった。(中略) いずれもわたしより年上というだけでなく、地位も上だったが、父の息子はいまではわたししか残っていない」

## 父の妻たちのクラールは、それぞれ遠く離れており、父がその間を行き来していた。

——ネルソン・マンデラ

左：農村部の交通手段
上：ムバシェ川はムヴェゾの村を蛇行している

マンデラがまだ幼いころ、父のムパカニスワ首長は植民地政府公認の首長の地位とその報酬を失った。白人の治安判事と対立したためだ。ずいぶん昔のことなので詳しい経緯はわからない。マンデラによると、飼い主のところから迷い出た1頭の雄牛をめぐる事件らしい。ほかの人たちの話では、雄牛は象徴的な贈り物であり、それにムパカニスワ首長による土地配分がからんで、慣習からすると、首長はその雄牛を飼い主に返すべきだったという。治安判事からの呼び出しに対するムパカニスワ首長の対応については異論がなかった。首長は、「出頭するつもりはない。いま、戦いの準備をしているところだ」というメッセージを送り返したという。治安判事は、ムパカニスワ首長を不服従の罪で告発し、解任した。こうしてマンデラ家の首長権は絶たれた。

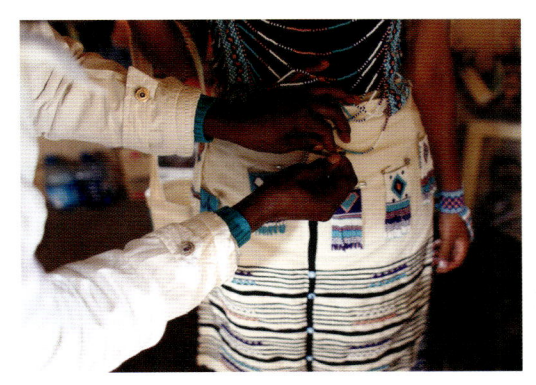 

写真：ムヴェゾの様子

# ムヴェゾ

　現在、ムヴェゾの首長権はマンデラ家に戻され、ズウェリヴェリレ・マンドラ・マンデラが首長の座についている。故ネルソン・マンデラ大統領の孫であり、後継者でもあるズウェリヴェリレ首長は国会議員でもあり、与党のアフリカ民族会議（ANC）に所属している。彼がムバシェ川の上流に建設したグレート・プレイスは、博物館と旅行者のための宿泊施設を備えている。首長はテンブ人の文化に親しんで育ったわけではないが、テンブ文化についてできるだけ学び、マンデラ家の歴史とそのルーツを調査、記録し、保存しなければならないと考えている。

　2011 年、ズウェリヴェリレ首長は臨時集会を開き、ムヴェゾの長老たちをグレート・プレイスにある大きなロンダヴェル〔土壁と草葺き屋根の円筒形住居〕に集めた。集会の目的は、ムヴェゾを治めた首長全員について、名前、特徴、功績などの文書記録を作ることだった。ムパカニスワ首長の解任からズウェリヴェリレ首長の就任までのことが、記録に残っていなかったためだ。

　白髪まじりの男性が 20 人ほど輪になってすわり、記憶の奥深くを散策して 80 年以上の空白を埋めようと試みた。いくつか正確な日付を思い出せない出来事もあったが、長老たちは自由に生き生きと話し、その過程でいろいろと異なる、幾筋ものオーラルヒストリーが浮かび上がり、歴史の記録が作られていった。長老たちがよき指導者として覚えている者もいた。例えば、1964 年に就任したムツィニスラウォ首長がそうだ。「あの首長はいつもいっていた。法を守らない者は王の管轄下の大きな裁判所で裁く」と。逆に、1978 年に就任したヴリンダヴォ首長は、それほど尊敬されていなかった。「なにか相談にいくたびに、必ず鶏を 1 羽取られた」

左：ズウェリヴェリレ・マンドラ・マンデラ首長
上：祖父の 90 歳の誕生日に、ムヴェゾからクヌに雄牛を移動させるズウェリヴェリレ首長

上：クヌの教会、アフリカン・ネイティヴ・ミッション・チャーチ。マンデラはここで洗礼を受けた

草深いゆるやかな丘陵、ゆったりと流れる川、
ゆったりとしたライフスタイル、おだやかな人々。

クヌはムヴェゾの北、この地方の中心となるウムタタの方角に位置する。ムヴェゾはムバシェ川という大河のそばにあり、あちこちに奔流に刻まれた険しい崖があるのに対し、クヌの風景は限りなくおだやかだ。

昔のテンブランドには現在のような道路はほとんどなく、草原に獣道があるだけだった。男たちはほとんどいなかった。故郷を離れて安い労働力を提供し、白人の農場や鉱山や工場をもうけさせていたからで、出稼ぎ先は、歩いて何日もかかる場所にあった。テンブ人は農耕牧畜民だった。女と子どもは作物を育て、男は休暇で出稼ぎから帰ってきたときに、畑を耕す。人々はロンダヴェルと呼ばれる家にくらしていた。この蜂の巣型の住居は、土壁と草葺き屋根で造られ、下には砕いた蟻塚が敷きつめられていた。マンデラの母はクヌで3つのロンダヴェルを——ひとつは調理場として、ひとつは寝室として、もうひとつは倉庫として——使っていた。食べるものは自分たちで育てていた。

左：マンデラと孫のズウェリヴェリレ首長。クヌにある家族の墓地にて
上：クヌの村

テンブ人は農耕牧畜民だった。
女と子どもは作物を育て、男は休暇で出稼ぎから
帰ってきたときに、畑を耕す。

写真：東ケープの風景

### ◆昔ながらの教育

　クヌの村で、幼いマンデラは狩りや魚捕り、そして棒術を学んだ。だれにたずねても、マンデラはこの地を、正直で素朴な人々を、愛していたという。

　この地で、マンデラは斜面に点在する平たい岩を、お尻がヒリヒリするまで滑って遊んだ。この地で、マンデラは（母がキリスト教徒になってから）洗礼を受けた。そして、この地で、マンデラは初めて学校へいき——マンデラ家で初めて学校教育を受け——、ネルソンというクリスチャン名を授かった。教師のミス・ムディンガネが、学校での最初の日にマンデラをそう呼んだのだ。しかし、悲劇が待ち受けていた。ムパカニスワ首長が亡くなったのだ。マンデラは、12歳だった。しばらく喪に服した後すぐに、"トラブルメーカー"という名の少年は、再び移動することとなった。

> ……マンデラはこの地を、正直で素朴な人々を、愛していたという。

左上：棒術
左下：マンデラの父、ムパカニスワ首長の墓にかけられた白い覆いを取るマンデラの息子、マハト。クヌにて
上：幼少期のマンデラが遊んだクヌの平たい岩

# 再びクヌへ

　のちの話になるが、マンデラは釈放されると、クヌに家を建てた。間取りは、14カ月投獄されていたヴィクター・フェステア刑務所の敷地にある刑務所長の家と同じだった。そのささやかな農場は現在、クヌを横断する国道に面しており、マンデラはそこに埋葬されている。

　マンデラは生涯、クヌを深く愛した。彼は後年、ふたつ目の邸宅を農場に建てている。晩年、マンデラはこの場所で暮らすことを強く希望した（ヨハネスブルグに移ったほうが、病院などの施設には近いのだが）。この家の２階で日々を過ごし、自分の土地や牛を、そしてその向こうに広がる丘陵を眺めた。クヌは長年のうちに大きく変化した。まずは道路が開通したことで変わり、その後はマンデラによって変わった。村にある多目的センターは、マンデラが引退後間もなく開設されたもので、空を背景に際立ってみえるネルソン・マンデラ博物館は、農場の向かい側の丘の上に建っている。現在、村にはレンガとモルタル造りの家が多く、マンデラが亡くなるまでの何年間かのうちに、多くの施設がきれいに改修された。改修に必要な費用には世界中のメディアが払う家賃が当てられた。メディアはマンデラの葬儀を記録するために地元、クヌに拠点を置いたのだ（メディアの思惑通りにはならなかったが、その話はとりあえずおいておこう！）。博物館のすぐ裏にはクヌ小学校がある。マンデラの幼少期には、ロンダヴェルがひとつあるだけだったが、現在は教室がいくつもある。

　ひとつだけだった昔の教室はいまはなく、草地に建物の基礎と円形の残骸があるだけだ。2011年7月18日のネルソン・マンデラ・デーには、ネルソン・マンデラ博物館のスタッフがその跡地の周りに柱を立てた。柱にはそれぞれアルファベットが1文字ずつ書かれていて、つなげると"ネルソン（Nelson）"になる。博物館のCEO、クウェズィ・カ・ムプンムルワナがいうには、マンデラの幼少期のクヌの風景と博物館の位置を考えると、なぜ博物館がここにあるのかわかるという。そし

て博物館には、地元コミュニティと連携し、重要なクヌの歴史を正しく理解して保存する特別な義務がある、という。「遺産をみようとこの地域を訪れる研究者や観光客は、ますます増えています。当館は、歴史の管理者である地元コミュニティを支援するという役割を負っています。歴史を保存し、確実に後世に残さなければなりません」

### ◆ムケケズウェニ：王たちの宮廷（グレート・プレイス）

　どこに向かっているのかも、なぜなのかも知らずに、少年はわずかな持ち物をまとめて歩きはじめた。クヌから西へ向かって、母とともに。へとへとになるまでほぼ1日歩き、ふたりはある村にたどり着いた。村の中心にある家屋敷は、少年がみたことのない豪華なものだった。ダリンディエボ王の住まいだ。地元の石で造られており、ふたつの大きなロンダヴェル〔円筒形住居〕の間に正方形の部分が挟まれた構造になっていた。マンデラ少年はこの家に関心をもったが、王の脱出手段として秘密の通路まで備わっていると知ると、さらに興味をそそられた。

　ムケケズウェニでは、土壁に石灰を塗ったロンダヴェルでさえ、マンデラがそれまでにみたどんなものよりも「すばらしかった」。宮廷（グレート・プレイス）の建物について、マンデラは「沈みゆく日の光のなかにあっても、まぶしい」と表現している。ムパカニスワ首長が新摂政のジョンギンタバに忠実に尽くしたことがどんな実を結ぶことになるのか、やがて世界の人々は目の当たりにすることになる。

　「見事な宮廷に見入っていると、大きな自動車がうなりをあげて西の門から入ってきた。すると日陰にすわっていた男たちが、ただちに腰をあげた。男たちは帽子を脱ぎ、さっと立ち上がって『バイェテ・アーアーア、ジョンギンタバ！（ジョンギンタバ、万歳！）』と大声でいう。コサ人は昔から、こうして首長に敬意を表すのだった」

　「その自動車（のちにこの堂々とした車はフォードのV8だったと知る）から、背の低いがっしりした男が降りてきた。しゃれたスーツに身を包んでいる。自信に満ち、身のこなしには、人の上に立ってきた者の貫禄があった」と、マンデラは書いている。マンデラ少年が到着したのは、ムケケズウェニの宮廷だった。ジョンギンタバ首長が暮らしていた王族の住まいだ。この首長は、テンブ人の王の代理として摂政を務め、マンデラ少年の後見人となる人物だった。

左：ムケケズウェニの建物
右上：ネルソン・マンデラ。少年時代に暮らしたロンダヴェルで
右下：ムケケズウェニの建物

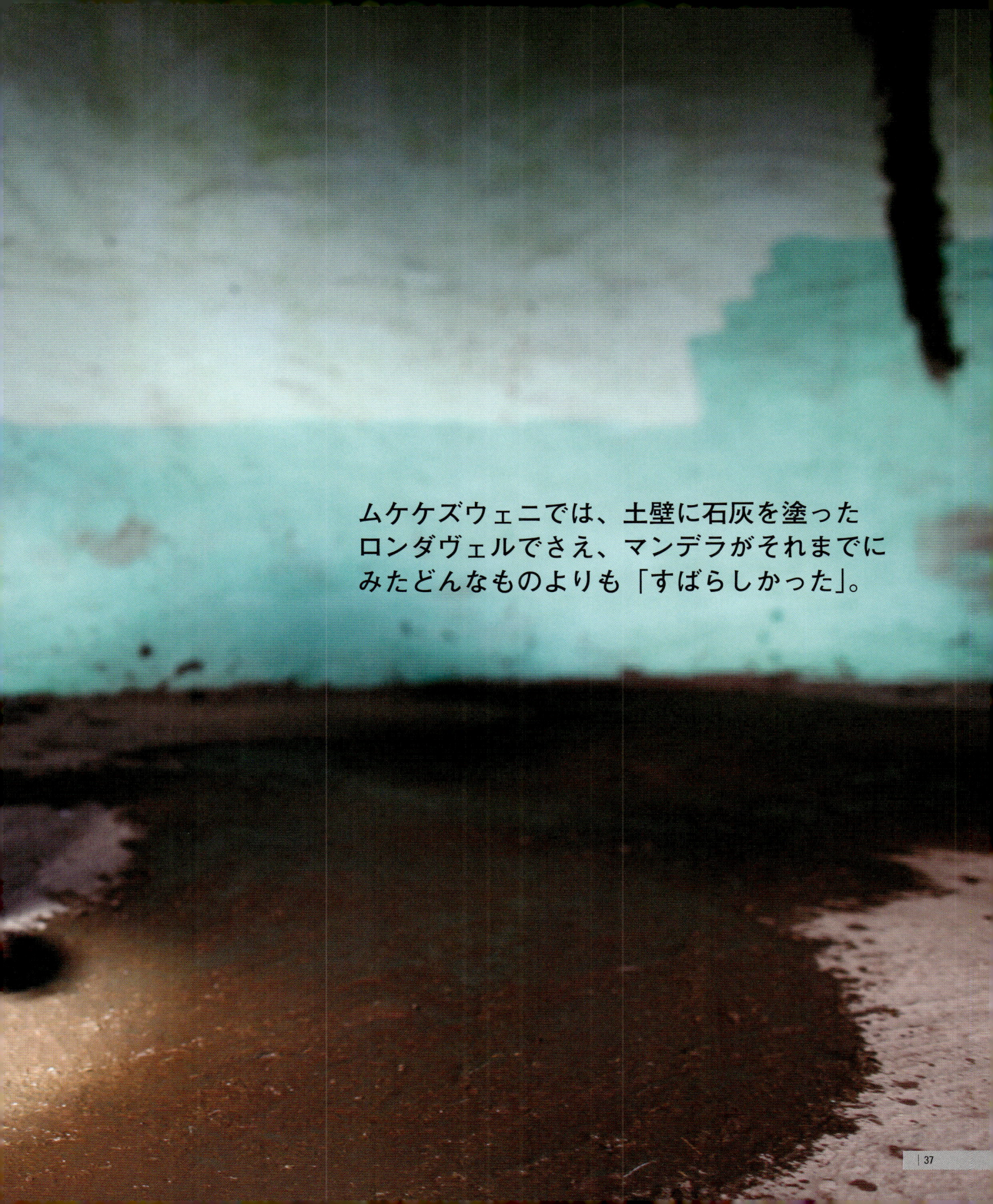

ムケケズウェニでは、土壁に石灰を塗った
ロンダヴェルでさえ、マンデラがそれまでに
みたどんなものよりも「すばらしかった」。

DAVID JOHNGINTABA
DALINDYEBO
REGENT PARAMOUNT CHIEF
OF TEMBULAND
1928 — 1942.
BORN 4.3.1887
DIED 18.8.1942.
REST IN PEACE.

# 変わらない村

　現在のムケケズウェニの村は、12歳のネルソン・マンデラが父を亡くし、クヌから歩いてきたころとほとんど変わらない。ダリンディエボ王、摂政のジョンギンタバ、サバタ王が暮らした草葺きの家も、当時のままある。長老たちは、いまも昔と同じように大きなゴムの木の下に集う。これも100年以上前と同じ光景だ。ネルソン・マンデラが、摂政の長男でいとこにあたるジャスティスと暮らした泥づくりのロンダヴェルも、ときの試練に耐えてきた。

　ネルソン・マンデラが通った学校と教会は、いまも健在だ。少年たちはいまでも、牛を放牧し、棒術を学びながら成長する。実際、変わったことといえば、現代ふうの家が数軒加わったことだけだ。マンデラが刑務所から釈放されてから、ジャスティスの遺した妻と息子のために、建てたものだ。ジョンギンタバ王とジャスティス首長は一族の墓地に埋葬されている。2010年、ネルソン・マンデラはサッカーのワールドカップ決勝戦を最後に公の場に姿をあらわさなくなった。その数日後、ウムタタ、クス、ムケケズウェニにある8つの学校の生徒が、ネルソン・マンデラ・デーにムケケズウェニに集まった。そして、昔ながらの土壁の技術を学び、習得したばかりの技術を使って、かつてマンデラが暮らしたロンダヴェルの修復をした。驚いたことに、マンデラの釈放から18年後、そのロンダヴェルの書棚には、マンデラ少年が使った教科書が何冊か残っていた。書棚と本は、のちにアパルトヘイト博物館に展示された。今日、ジャスティスの妻、ノゾリレ・ムティララが村の女性リーダーで、孫のザノムテトが首長を務めている。

ニの様子

第**2**章

# 少年時代

ムケケズウェニはメソジスト教会の伝道拠点で、教育も進んでおり、洗練された雰囲気が漂っていた。その点では発展の遅れていたムヴェゾやクヌとは違っていた。ムケケズウェニでは、"西欧風の"服装をしたり、教会へ通ったり、ナイフとフォークを使って食事をしたり、ベッドに羽根枕を使って寝たりする人が多かった。そして、教育を受ける人の割合も大きかった。

マンデラは、摂政のジョンギンタバと妻のノーイングランドに、王族の子どもとして育てられた。夫妻の息子、ジャスティスと同じロンダヴェルに暮らし、夫妻の娘のノマフや甥のンネッコとも固いきずなで結ばれた。のちにムケケズウェニの首長権を継承することになるジャスティスは、マンデラの4歳上で、マンデラの理想的な手本とはいわないまでも、憧れの対象だった。マンデラは自伝でジャスティスについて、背が高く、たくましくてハンサムで、スポーツができて、歌と踊りがうまく、取り巻きの女子が大勢いたと書いている。そのジャスティスとともに、マンデラは摂政夫妻の決めた結婚を避け、ムケケズウェニから逃げることになるが、それはもう少しのちの話だ。

ムケケズウェニで、マンデラは、教室がひと部屋だけの学校に通った。学校は宮 廷（グレート・プレイス）の隣にあり、マンデラは、その隣の教会にも通った。どちらの建物も現存する。マンデラは、ちょっとした用事や、馬の運動、荷馬車の誘導、畑の耕作、家畜の世話などの雑用を、毎日こなした。そして、歴史を学び、勇気とは、英雄的な行為とはなにかを学び、入植者が訪れて土地の支配——ひいては首長権まで奪ったことを学んだ。マンデラは摂政が年長の顧問たちを集めて政策を考える様子をみて育った。すべての顧問に発言権があり、批判的なことをいっても構わなかった。摂政は全員の意見に耳を傾け、最後まで黙っている。摂政は最後に意見を述べるものなのだ。「民主主義とは、すべての人が意見を述べたうえで、民族としてひとつの決定をすることだった。多数決という概念はなじまない。少数派が多数派に押し切られることはなかった」と、マンデラは記している。

マンデラはムケケズウェニにきたころ、恐れも、へつらいもない、人々の率直な物言いに驚かされた。それが摂政に対して最大の敬意を払うということだった。マンデラ少年は、首長の地位を「人々の生活の中心」ととらえていた。

## ◆成人

ドラケンスバーグ山脈を水源とするムバシェ川は、蛇行しながら東へ流れ、泥を含んだ水をインド洋に吐き出している。この川の水は、マンデラがムヴェゾで初めて水浴びをした水だった。そしてムバシェ川のほとりにあるティハララという、王族の割礼のための特別な場所に、マンデラは16歳のとき戻ってきた。ジャスティスと、ほかの24人の少年もいっしょだった。

コサの伝統では、男子はいくつか成人儀式をおこなうまでは"子ども"として扱われる。割礼の儀式が中心だが、一連の行事はいずれも文化と伝統と歴史を学ぶ重要な機会だ。割礼の儀式でマンデラは、ダリブンガという名を授かった。直訳すれば「ブンガの創設者」。ブンガとはこの地方に昔からある統治機関のことだ。一定期間の隔離生活を経て、割礼の傷が癒えて学びが終わると、新たに男となった者たちはにぎやかに村に迎えられる。マンデラはそのときを回想し、とても誇らしい思いで戻ってきて牛と羊の贈り物を受け取り、それが人生で初めての自分の財産だったと書いている。

しかし、マンデラの回想には続きがある。その日の主賓はダリンディエボ王の息子、メリグキリ首長だった。彼は、成人を祝う言葉を述べた後、恐ろしい現実をつきつけた。マンデラの記憶によると、メリグキリ首長はこういったのだ。「割礼の儀式により、この者たちは成人男子であることを

約束された。しかし、それが虚しい、幻のような、実現することのない約束だということを忘れてはならない。我々コサ人は、そして南アフリカのすべての黒人は、征服された民族なのだから。我々は自国にいながらも奴隷なのだ。みずからの土地にいながら、借地人になり下がったのだ……」

　祝祭の後、マンデラはムバシェ川まで歩いていった。この川を渡ったことは一度もない。川の向こうは未知の世界だったが、自分はもう子どもではないという思いがあった。

### ◆中学・高校
　学校教育の仕上げのときがきて、マンデラはクラークベリー・インスティテュートという高校に入学した。エンゴボにある古いメソジスト派の伝道拠点だ。マンデラはここで初めて白人男性と握手した。学校の理事であるC・ハリス牧師に、摂政から直接紹介されたときのことだ。しかし、マンデラが王族の一員だから特権を得られるだろうと考えたとしたら、その望みはすぐ打ち砕かれた。

写真：ムケケスウェニの風景

マンデラはスポーツを好み、よく運動したが、特に能力が高かったわけではない。学業は優秀で、通常は 3 年かかる中等教育課程を 2 年で終えている。1937 年、マンデラは、フォートボーフォートにあるヒールドタウン・ウェスリアンカレッジに進学する。〔名門大学への進学準備のための〕キリスト教系のプレップスクールで、リベラルなイギリス式の教育方法をとっていた。校長のアーサー・ウェリントン博士は、ウェリントン公爵〔イギリスの公爵で、初代はナポレオン戦争の英雄〕の親戚だと自慢していた。「教養あるイギリス人が手本で、わたしたちは、"黒いイギリス人"になることを目指した」と、マンデラは書き残した。長距離走とボクシングにはげみ、2 年目には級長に指名された。

### ◆大学

ヒールドタウンからちょうど 20 キロ離れたところにあるフォートヘア大学は、当時、南アフリカの黒人のための高等教育機関で唯一、寄宿舎があった。卒業生には、セレツェ・カーマ初代ボツワナ大統領、ジュリウス・ニエレレ初代タンザニア大統領、ケネス・カウンダ初代ザンビア大統領、ロバート・ムガベジンバブエ大統領のほか、反アパルトヘイト闘争の指導者、オリヴァー・レジナルド・タンボ、ゴヴァン・ムベキ、クリス・ハーニらが名を連ねている。

このフォートヘア大学に、摂政は、高校の課程を修了したマンデラを入学させた。マンデラは英語、人類学、政治学、原住民行政、ローマ・オランダ法の授業を 1 年目にとった。マンデラは大学時代を回顧して、学問以外から学んだことの重要性を述べている。例えば長距離走は、トレーニングと自律が持って生まれた能力に勝ることを教えてくれた。また、モラルや公正さにかかわる問題では信念を曲げてはならないと学んだのは、"新入生"として上級生優先の規則を変えようと挑んだときのことだった。マンデラは、演劇部と学生クリスチャン連盟にも入っていた。キリスト教徒として、周辺の村々の聖書を学ぶ会では教える側に立ち、オリヴァー・タンボと知り合う機会を得た。マンデラがのちにヨハネスブルグで再会して親友となり、同僚かつ同志となる人物だ。

「西欧からみれば、フォートヘアの日常生活などは取るに足りないだろうが、わたしのような田舎者には驚きの体験だった」とマンデラは記している。大学生活も 2 年目の終わりごろ、マンデラは学生代表会議のメンバー候補に指名された。選挙には当選したが、マンデラは引き受けなかった。大多数の学生が選挙をボイコットしたからだ。学長のカー博士に辞退を撤回しないなら大学を去れと警告され、マンデラはムケケズウェニに帰り、不快な思いで年末休暇を過ごすこととなった。

一難去ってまた一難である……。

### ◆見合い結婚

摂政の息子、ジャスティスも、ムケケズウェニに戻っていた。そこでは父の予想外の計画が待ち受けていた。ジョンギンタバは余命が長くないことをふたりに告げ、きちんとした結婚を息子たちに決めるのが親の役目だといった。ジャスティスとマンデラのために花嫁を選び、結婚の手配をしてあったのだ。すでに結納金は支払われ、ただちに結婚式を挙げなければならない。マンデラによると、彼の花嫁に選ばれた女性は、実はジャスティスに熱をあげていたという。ジャスティスもマンデラもまだ若く、結婚などしたくなかった。しかし逆らえば、摂政のもとで暮らし続けることはできない。そこでふたりは、ジョンギンタバが出席しなければならない会議があって、ウムタタのブンガ〔トランスカイの統治機関〕に出かけたすきに、地元の商人に品評会で受賞した摂政の牛を 2 頭売り、その金で逃亡した。

「教養あるイギリス人が手本で、わたしたちは、
"黒いイギリス人" になることを目指した」と、
マンデラは書き残した。

上：マンデラが通ったムケケズウェニの小学校

# 第 3 章

# 革命家

ヨハネスブルグが正式に町になったのは、
1886 年、金が発見されてからのことだ。

　　ヨハネスブルグが正式に町となったのは、1886 年、金が発見されてからのことだ。金の鉱脈はたいてい地下深いところにあるため、わずかな金を得るのに大量の土を掘っていかなければならないが、鉱山所有者は一向に困らなかった。安い労働力はいくらでもあるからだ。白人実業家とアフリカ人とはこんな経済関係にあった。アフリカ人は、故郷からも愛する人たちからも何百キロも離れて、奴隷のように働かなくてはならなかった。そうしなければ、税金を払うことができない。アパルトヘイト経済はこうして成り立っていた。

　このような関係のなかで、鉱山主は多少の努力をして原住民の伝統的な指導者と友好関係を維持し、その下にいる人々を意のままに操ろうとした。王族は通常、敬意を払われていたので、平均以上の職業を望めた。ムケケズウェニから逃げてきた若いふたりは、黄金都市エゴリで大歓迎を受け、簡単に特別待遇の事務員（ジャスティス）と夜警（マンデラ）の職にありついて大喜びしたのだろう。しかし、それも長くは続かなかった。摂政がふたりの居場所を突きとめて電報を打ち、鉱山にふたりを戻すよう命じたのだ。これが幸いした、というべきだろう。そうでなければ、マンデラがウォルター・シスルに出会うことはなかったかもしれないからだ。

　ウォルター・シスルは、溺れかかったマンデラがみつけた岩だった。彼に出会ったとき、マンデラは摂政から逃亡中で、活気に満ちたヨハネスブルグで仕事もない状態だった。ヨハネスブルグは1800 年代後半に最初の急成長を遂げたあと、いわば 2 度目の急成長を経験する。原因は、南アフリカの第二次世界大戦参戦だった。人と物の需要が増加し、戦争への国民協力をあおったことが、ヨ

ハネスブルグの人口を倍増させた。シスルはマンデラの6歳年上で、正式な教育はあまり受けていないが、先の読めない人生における経験量ではマンデラのはるか上をいっていた。ウォルター・シスルはトランスカイのエンコボ出身だった。労働組合の一員として雇用主と交渉した経験があり、アフリカ民族会議（ANC）のメンバーでもあった。マンデラは、いとこのガーリック・ムベケニのところにやっかいになり、彼に連れられてシスルに会いにいった。

シスルはずっと後になって、マンデラとの出会いについてこういっている。ジャーナリストのジョン・カーリンとのインタビューでのことだ。「彼が訪ねてきたとき、なにかただならぬものを感

じました……。あれほど強い印象を受けた相手は、初めてでした。当時わたしは不動産業を営んでいましたが、活発に政治活動もしていました。ネルソンのような気質の若者がきてくれたのは、わたしには信じられないほどの幸運でした。わたしのほうから、なにをやりたいのかたずねると、ネルソンは法律を学ぶつもりでいるといいました。これも好都合でした。というのも……不動産屋として、わたしは弁護士をはじめ法律関係の人たちとよく仕事をしましたから。そんなわけで、政治も法律も、好条件がそろっていました。だから、ネルソンのような人物との出会いを肯定的にとらえたのです。態度をみればだいたい人となりがわかりましたし……。ネルソンが覚悟を決めて進めば成功するだろうと思いました。わたしたちは彼が指導力を発揮できるよう手を貸すことにしたのです。あの出会いは信じられないほどの幸運だと確信しました。彼のような人物があらわれ、当時のわたしが、ちょうどそういった器の人物を必要としていたなんて」

　マンデラとシスルがその日に話したことは、ふたりの人生を——そして南アフリカの歴史を——大きく変えることとなる。はじめに話題にのぼったのは、マンデラの法律の勉強が中断していたことだった。マンデラはシスルに、仕事をしながらパートタイムで勉強して学位をとるつもりだと話した。試験に合格しても、実務研修期間というものがあって、南アフリカで弁護士になるには何年も法律家について研修をしなければならない。シスルはマンデラに力を貸そうといった。ユダヤ人弁護士、ラザール・シデルスキーに司法修習生として採用してもらえるよう、口をきいてくれるというのだ。ウィトキン・シデルスキー・エイデルマン法律事務所はヨハネスブルグでも最大手のひとつだった。その業務には、アフリカ人顧客の財産取引の監視が含まれており、シデルスキーとシスルはつながりがあったのだ。マンデラは、シデルスキーのことを親切な人だったといっている。シデルスキーはマンデラにいくつかアドバイスをしたが、あるとき、政治はペストと同じだから避けたほうがいい、といったことがある。政治は人間の最悪の部分を引き出すというのだ。事務所にはほかにも司法修習生がいた。マンデラが採用される少し前に、ナット・ブレグマンも採用されていて、ふたりは親友になった。ブレグマンはのちに、自分は南アフリカ共産党の一員だと明かし、マンデラを党が主催する人種制限なしのパーティーに何度も招いている。事務所にはマンデラ以外にもアフリカ人職員がいた。10歳年上のガウル・ラデベは助手で、通訳で、メッセンジャーで……そしてANCと共産党に所属していた。正式な教育を受けてはいなかったが、ラデベのことをマンデラは「実質的に、あらゆる分野においてわたしより博識だった」といっている。

　1942年、マンデラは最終試験に受かり、学士の称号を取得した。ラデベについて、定期的に原住民居住区の諮問委員会やANCの会議に顔を出していたが、積極的に参加するというよりは観察していた。1943年、マンデラはラデベとともに、バスボイコットを訴える数千人規模のデモに参加した。「観察者から出発し、当事者になった」と回想している。一方で、マンデラはウィットウォーターズランド大学の法学部に入学した。そこで生涯の友人や解放闘争の同志と出会うことになる。ジョー・スローヴォとのちにその妻になるルース・ファースト、ギリシャ移民の息子ジョージ・ビゾス、オレンジ自由州の裁判長の息子ブラム・フィッシャー、トニー・オダウド、ハロルド・ウォルペ、ジュールズ・ブラウデ、イスメイル・ミーアたちだ。

### ◆政治の世界での成長
　シスルの家は、ヨハネスブルグの南西にある黒人居住区、ソウェトのオーランドにあった。そこはマンデラにとってもうひとつの我が家だった。シスル家の居間で、マンデラは、反アパルトヘイト闘争の思想家や活動家、アントン・レンベデや“AP”として知られるAP・ムダらと知り合った。レンベデはマンデラに忠告した。イギリス植民地のわなにとらわれ、白人から、教養があり洗

練されて先進的だと思われたいと願うような黒人エリートに成りさがってはいけない、と諭したのだ。ウォルター・シスル、オリヴァー・タンボ、ライオネル・マジョンボジ博士ら、ほかの活動家も同じ意見だった。彼らはアフリカ民族会議（ANC）が闘志に欠け、エリート主義に陥って大衆から離れてしまうことを危惧していた。そこでマジョンボジ博士は、ANCの青年同盟を作ろうと提案した。

代表メンバーが選ばれ、ANCの代表、AB・クマ博士にその提案をした。クマ博士は反対したが、血気盛んな若者たちは歯止めがきかなかった。若者たちは暫定的に委員会を立ち上げた。そして1944年、ANCの会議で青年同盟の提案が可決された。レンベデが青年同盟の代表に選ばれ、タンボが書記、そしてシスルが会計になった。マンデラは執行委員会のひとりに選ばれた。南アフリカで、変化を望むエネルギーが形になりはじめていた。シスル家の居間で、マンデラはエヴェリン・マセという若い看護学生と知り合った。ふたりは恋に落ち、役所に結婚届けを出した。伝統的な結婚式をする余裕はなかった。1946年、ふたりは政府から割り当てられたオーランド・イーストの住居に引っ越した。長男のテンベキレもいっしょだった。

同年3月28日、マンデラはシデルスキーの法律事務所で3年の司法修習期間を終えた。そして、勉強に専念して法律の学位をとり、自分の事務所を開こうと決意する。1947年はマンデラにとって非常につらい年となった。理由のひとつに、数カ月のうちにふたつの死が訪れたことがある。まず、ふたり目の子ども、マカジウェという女の子を失った。そして7月には、アントン・レンベデを失った。カリスマ的なANC青年同盟のリーダーであり、知識の泉でもあったレンベデが33歳という若さで突然亡くなったのだ。1948年には、マンデラがANCで最初の役職、トランスヴァール州中央執行委員に選出された。同年、白人による総選挙がおこなわれ、国民党が与党に返り咲いた。国民党のアパルトヘイト——"隔離"——推進運動の中心的スローガンはふたつあった。「黒人はニガーの場所へ」「アジア人労働者は国外へ」

オランダ改革派教会の元牧師、Ｄ・Ｆ・マラン博士がアパルトヘイト時代初の首相に就任した。ANC はそれに応えて、ブルームフォンテインで年次総会を開き、青年同盟が提案した行動計画を採択した。ANC 初の大衆動員をねらったキャンペーンだった。この（非暴力）行動計画は、政治的権利を求めるよう呼びかけるもので、その手段としてボイコット、ストライキ、市民的不服従と非協力を推奨した。また、全国一斉ストライキデーも呼びかけた。1950 年、マンデラは ANC の全国執行委員会の委員に選出される。この年の 5 月 1 日、オーランドで黒人 18 人が警察により虐殺されたことがきっかけとなり、6 月 26 日を国民抗議の日とすることになった。ANC が全国規模の政治的ストライキを計画するのは初めてのことだった。この頃、マンデラの次男、マハト・レワニカが生まれ──そして次女、マカジウェ〔亡くなった長女と同名〕の誕生と続く。しかし、マンデラは仕事に忙殺されていた。

### ◆不服従

　国民党が権力を握ったことで多くの差別法ができた。1951 年、ANC は首相あての書面で悪法を撤回するよう求めた。マラン首相の回答は、政府は全力を尽くして政治的な混乱を鎮めるというものだった。それに対し、アフリカ民族会議（ANC）と南アフリカ・インド人会議は、1952 年 6 月の不服従運動を呼びかけるかたちで応えた。この運動に参加した人々は、都市部でいくつかの不法行為を犯し、"白人専用" のエリアに許可なく立ち入ったり、"白人専用" のトイレを使ったりした。マンデラはこの運動の全国主席に選ばれた。不服従運動の初日に、250 人以上が悪法に違反したとして逮捕された。マンデラ自身も、ほかの指導者たちと警察に連行され、マーシャル・スクエア警察署に数日間拘束された。それから 5 カ月の間に、8500 人以上が不服従運動に参加した罪で刑務所に送られた。そのうち 21 人がマンデラら指導者だった。彼らは共産主義弾圧法違反の容疑で裁判にかけられ、執行猶予付きの実刑判決を受けた。マンデラは、不服従運動によって大きな満足感を得たといっている。「わたしは自由の闘士として成人した」

### ◆初の政治活動禁止

　闘争に打ちこんだところで、家族を養えるわけではない。マンデラは生計を立てるために弁護士の仕事を続けた。シデルスキーの法律事務所をやめてから、ふたつの白人の法律事務所を経て、自分の事務所を開いたのは 1952 年 8 月。フォートヘア時代の仲間であり同志でもあるオリヴァー・タンボといっしょに "マンデラ＆タンボ" 法律事務所を開設したのだ。これは南アフリカ初の、アフリカ人の法律事務所だった。

　1951 年の終わり、マンデラは初めて政治活動を禁止された。翌年、再び活動を禁止され、アフリカ民族会議（ANC）退会と、向こう 2 年間の会合や公共集会への出席停止を命じられた。そのため、長期にわたるソフィアタウンの黒人強制退去反対運動を遠くから見守らざるを得ず、1955 年の人民会議の開催にも正式にかかわることはできなかった。この人民会議では、南アフリカのすべての人種グループを代表する組織が集まり、互いに協力し合って平等と公正を実現しようと確認した。1956 年 12 月、マンデラは警察による全国的な手入れで逮捕された 150 人ほどの活動家のひとりだった。この手入れはその後、同年の反逆罪裁判につながる。裁判は長期におよび、マンデラを含め、最後まで残った容疑者 28 名が無罪になったのは、4 年半後だった。

　裁判中に、3 つの重大な出来事が起こった。マンデラは 4 度目の活動禁止命令と 3 度目の移動制限を受け、ヨハネスブルグ市内にとどまることになった。その後間もなく、1958 年 3 月に妻のエヴェリンと離婚し、同年、若いソーシャルワーカーのウィニー・マディキゼラと結婚している。マ

ンデラは禁止や制限を緩和するよう求め、6日間のハネムーンが認められた。1960年の終わりまでに、マンデラ夫妻は、ふたりの健やかな娘、ゼナニとジンジに恵まれていた。マンデラの人生における悲劇のひとつは、家族と過ごせる貴重な時間がほとんどなかったことだ。

反逆罪裁判がまだ続いていた1960年3月21日、警察が抗議活動中の群衆に向かって発砲した。ヨハネスブルグ近郊のシャープヴィルで起こったこの事件で、69人が虐殺された。少数の活動家——ウォルター・シスル、ドゥマ・ノクウェ、ジョー・スローヴォ、マンデラ——が、その晩ヨハネスブルグに集まり、この事件にどう対応するか話し合った。5日後、ANC代表のアルバート・ルツリ首長は、公共の場で身分証を燃やし、人々にも同じことをするよう促すとともに、国をあげてシャープヴィル大虐殺の死者を追悼するよう呼びかけた。その1週間後、数十万人のアフリカ人がルツリ首長の呼びかけに応え、身分証を燃やした。それに対し、政府は初の非常事態宣言を発令して何千人もの南アフリカ人を拘束した。

◆黒ハコベ

1961年3月29日、反逆罪裁判は最後の容疑者に無罪判決を下して終わった。マンデラはいつ再逮捕されてもおかしくないと考えた。そのため家には戻らず、地下に潜伏して活動する決意をした。マンデラは2年後に逮捕されてリヴォニア裁判に召喚されるまで、秘密裏に国内で動き回り、警察の鼻先でANCの活動を組織し、隠れ家で仲間に会った。姿を消したかと思えば、ふとあらわれ、またすぐに消えていった。

警察は国中で道路の検問をおこなったが、無駄だった。マンデラは運転手や料理人や庭師になりすまして、たいていわざとだらしない格好をした。着ていたオーバーオールは「生涯踏みつけにされてきたかのように」くたびれていた。どこそこでみかけた、あやうく捕まりそうになったという話はいくらでもあり、話に尾ひれがついて伝わっていった。

そんなわけで、マンデラは"黒ハコベ"と呼ばれていた。

白人のみの国民投票により、南アフリカはイギリス連邦を脱退し、立憲君主制をやめて共和制を採用することが決定した。連邦からの離脱は1961年5月31日と決まり、黒ハコベは粘り強く南アフリカ人に訴えてそれを阻止しようとした。国民党には白人社会の支持者がほとんどだったので、南アフリカ民族会議（ANC）は黒人、共産主義者、民主主義者に支持層を広げた。ANCは国民に、在宅ストを5月29日（月曜日）からおこなうよう呼びかけた。在宅ストの初日、何十万人もが呼びかけに応えたが、そうしなかった人が何十万人もいた。マンデラは幻滅した。政府は次々に抑圧法を作り、治安維持のためにあらゆる手段を使い、武器を持たない人々に容赦なく襲いかかる。多くの人々が恐れをなして闘う気力を失った。そして、果敢にも戦おうという人々の"武器"は非暴力の抵抗だけだった。根本的に力の差がありすぎた。

1961年6月、シスルとの話し合いの後、マンデラは正式に反アパルトヘイト闘争に武力的な手段を持ちこむべきだと提案した。その提案は、政治団体の幹部が集まる会合で承認された。これに歩調を合わせたのは、ANC、インド人会議、カラード人民機構、（先進的な南アフリカの白人を代表する）民主主義者会議、そして南アフリカ労働組合会議だった。ANC自体は非暴力抵抗路線を維持することになったが、ANCとは別に武装組織が作られることになった。49年間にわたり、ANCは厳格に非暴力の原則を守ってきたが、ここへきて新たな時代が幕を開けようとしていた。

## ◆武力闘争

　新組織の名前はウムコントウェシズウェ（MK）、"民族の槍"という意味だ。マンデラが最初におこなったのは、ウォルター・シスルとジョー・スローヴォに最高司令部を作らせることだった。自身は最高司令官となった。6月、マンデラは挑戦的な声明を国内の新聞各紙に発表した。自分に逮捕状が出ているという情報をつかんでいたが、マンデラは屈しなかった。「わたしは愛する妻と子どもたちと離れ、母や妹たちと離別して、犯罪者として自国で生きなければならなかった。事務所を閉め、弁護士の仕事を捨て、貧しくみじめな暮らしに甘んじた。多くの同志が同じような生活をしてきた……。わたしは政府と戦う。みなさんと並んで、少しずつ前進し、勝利を勝ち取るまで」

　マンデラは闘争を自分の人生とし、自由を勝ち取るための戦いに生涯をささげるつもりだった。地下に潜行して間もなく、ヨハネスブルグにある単身者用アパートに身を寄せた。共産主義の友人、ウォルフィー・コデシュの住まいだった。ある晩、マンデラはコデシュについて町はずれの古いレンガ工場にいき、MK初の爆発実験に立ち会った。その後、リリースリーフ農場に移り住む。農場はヨハネスブルグ郊外のリヴォニアにあり、マンデラはデイヴィッド・モツァマイという名前で管理人になりすました。そこで数週間ひとりで暮らしていると、レイモンド・ムフラバがやってきた。東ケープ州出身の信頼できる同志で、南アフリカ人民会議（ANC）に最初のMKメンバーとして選ばれた人物だ。ふたりはジョー・スローヴォとラスティ・ゴールドスティーンの助けを借りて、いっしょにMK規約の草稿を作成した。ゴールドリッチ一家が農場に越してくると、マンデラは使用人部屋を使うようになった。アーサー・ゴールドリッチはアーティストで、民主主義者会議のメンバー、MKの初期メンバーのひとりだった。1940年代にはパルマッハの一員として第一次中東戦争で戦った経験がある。パルマッハとは、パレスチナにおけるユダヤ人独立国家を目指す運動〔シオニズム〕の軍事組織だ〔しかし、のちにゴールドリッチはシオニズムを批判するようになる〕。

　しかし、今後MKがどんな活動に取り組んでいくのかが問題だった。人種や主義の違いを越えた革命、テロ、ゲリラ戦が考えられ、最初は市民への影響を最小限に抑えられるかたちをとることになった。破壊工作だ。ジョー・スローヴォはこう述べている。「だれも破壊工作だけで、人種差別主義政府を倒せるとは考えていなかった。これは"控えめな暴力"の最初の段階になるだろう」

　第1回の破壊工作活動は、1961年12月16日という象徴的な日に決まった。1838年の、偉大なるズールー王、ディンガネに対する勝利を祝う、南アフリカの白人の祝日だ。それはルツリ首長が南アフリカ人初のノーベル平和賞を受賞して帰国した翌日だった。反アパルトヘイト闘争の正しさが立証された直後に、ヨハネスブルグやポートエリザベスやダーバンの官庁や発電所で手製爆弾が爆発した。同じタイミングで、MKの存在を知らしめ、MKが一連の爆発を起こしたことを伝えるチラシが、何千枚もばらまかれた。MKの声明には次のように書かれていた。「どの国にも、どちらかを選ばなければならないときがある。服従か、闘争か。そのときが、南アフリカに訪れた。我々は服従しない。したがって、全力を尽くして反撃する。我々の民族を守るため、我々の未来と自由を守るために」

　「我々、ウムコントが求めるのは——これまでの解放運動と同じように——血を流さず、市民を巻きこまずに解放を勝ち取ることだ。我々はなおもそれを追求する。我々は願っている。夜は深まってしまったが、我々が起こす最初の行動によって人々が目覚め、この悲惨な状況に目を向け、現状を生み出しているのは国の政策なのだと気づいてくれることを。政府とその支持者には、良識を取り戻してもらいたい。取り返しのつかないことになる前に」

### ◆国外逃亡

1962年1月、黒ハコベは南アフリカをひそかに抜け出し、エチオピアのアディスアベバに向かい、東中南部パンアフリカ自由運動（のちのアフリカ統一機構）の会合に出席した。この重要な会議のおかげで、MKはアフリカ諸国のネットワークとつながりをもつことになり、支援や訓練や資金提供を受けられるようになった。マンデラはエジプト、チュニジアを訪問した（ハビブ・ブルギバ大統領はすぐに軍事訓練を申し出、武器調達のための5000ポンドを約束した）。モロッコでは、自由の戦士たちと会った。彼らはモザンビーク、カーボヴェルデ、アルジェリア、アンゴラからきていた。それからムスタファ博士と数日間過ごした。博士はモロッコ駐在のアルジェリア使節団の代表で、アルジェリア国民解放軍の本部はラバトにあった。モロッコをあとにしたマンデラは、マリ、ギニア、シエラレオネ、リベリア、セネガルを回った後、ロンドンに渡った。

マンデラは、最後にエチオピアに戻った。そこで6カ月の軍事訓練を受けることになっていたからだ。訓練をはじめて8週間がたった頃、マンデラはANCの要請で南アフリカに戻った。1962年8月5日、マンデラは警察に車を止められて逮捕された。ダーバン近郊のハウィックから出たあたりだった。運転手に扮したマンデラは、自分の名前はデイヴィッド・モツァマイだといったが、警察は、黒ハコベをとらえたとわかっていた。

# ウォルター・シスル

　ウォルター・ウリアート・マックス・シスルは 1912 年、クトゥベニ村で生まれた。父親は白人で、治安判事の補佐だった。母親は黒人の家政婦だった。シスルは少年時代に学校を去り、家族を支えるためにヨハネスブルグに出て乳製品店の仕事をみつけた。その後、金鉱で働き、ビスケット工場に転職するが、1940 年に解雇された。ストライキを計画したためだ。シスルはその年に、アフリカ民族会議（ANC）に加入する。翌年、のちに妻となる若い看護学生、アルバティーナ・テティウェと──そしてネルソン・マンデラと──知り合う。マンデラは、ウォルターとアルバティーナの結婚式で、新郎側の証人になった。出会ってから 4 年後のことだった。

　1943 年、シスルはブルームフォンテインでおこなわれた ANC の全国会議に、オーランド（ソウェトの一地区）支部の代表として出席した。この会議で、青年同盟の結成が決まる。シスルは、アントン・レンベデ、マンデラ、オリヴァー・タンボ、AP・ムダとともに、1944 年、青年同盟の執行委員に選ばれた。そして 1949 年、次の全国会議で、シスルは ANC の書記長に選ばれた。ANC の指導者として、1952 年の不服従運動を計画し、同年 12 月に、ANC 代表のジェイムズ・モロカやマンデラとともに、共産主義弾圧法違反の容疑で裁判にかけられ、執行猶予付きの有罪判決を受けた。

1953 年、シスルは 5 カ月かけて中国、ソ連、ルーマニア、イスラエル、イギリスを回り、帰国すると南アフリカ共産党に加入した。シスルは、1956 年の反逆罪裁判にかけられた 156 人のひとりで、1961 年にようやく無罪になった。シャープヴィル大虐殺が起こり、ANC の活動が禁止された後、シスルは自宅軟禁をいい渡された。しかしシスルは権力に屈することなく、1961 年、（マンデラらとともに）一連の会議に出席して、ANC の武装組織設立について話し合った。

シスルはウムコントウェシズウェ（MK）の幹部になる。このときの最高司令官はマンデラだった。シスルは禁止されていた ANC の活動を推し進め、1961 年 5 月の在宅ストを計画したかどで、1963 年 3 月、有罪判決を受ける。しかし、上訴して保釈中に行方をくらました。7 月 11 日、警察はヨハネスブルグ郊外のリヴォニアにあるリリースリーフ農場を強制捜査し、シスル、ゴヴァン・ムベキ、レイモンド・ムフラバ、アメッド・カスラーダらを逮捕した。マンデラはすでに逮捕されていた。1963 年 10 月、リヴォニア裁判で起訴され、MK メンバー全員が終身刑をいい渡された。シスルは 1989 年 10 月に刑務所から釈放された。これは（マンデラの強い訴えが認められて）マンデラが釈放される数カ月前のことだ。1991 年、ANC が合法化されてから初めての ANC 全国党大会では、マンデラが党首に、シスルは副党首に選ばれた。シスルは、南アフリカ解放闘争における真の偉人のひとりだった。この冷静かつ有能な指導者を、困難なときに多くの人が頼りにした。

シスルは 2003 年に亡くなった。

2008 年、マンデラはシスル家に公の場で謝辞を述べている。ネルソン・マンデラ財団でシスル夫妻を紹介する展覧会、『Walter and Albertina Sisulu : Parenting a Nation（ウォルターとアルバティーナ・シスル夫妻：国を育てる）』展のオープニングでのことだった。

左：ウォルター・シスルとアルバティーナ・シスル
上：マンデラの家族とシスルの家族。マンデラ釈放の翌日に撮影

# 裁判と試練

はじめからただの囚人ではなかった。

マンデラは、細心の注意を払って精神的な苦痛を警察にみせないようにした。また、少しでも早く自由になりたいような様子もみせなかった。マンデラは、雄弁な弁護士であり、アフリカ初の解放運動で指導的立場にあった人物だ。有名人だったし（善人としてか悪人としてかは、政治的な立場によって異なる）、その物腰と人格には自然と人に敬意を払わせるものがあった。警察はマンデラをヨハネスブルグの裁判官のもとに連行した。マンデラは、自分で自分の弁護をする、と裁判官に告げ、保釈を申請する意志はないといった。

罪状はそれほど多くなかった。アフリカ人労働者のストライキを扇動したことと、旅券なしで国外に出たことだった。警察は証拠不十分で、マンデラの破壊活動に関しては起訴しなかった。マン

デラにとって、出廷は貴重な体験となった。出廷したことが安心感につながり、励ましになったのは思ってもみなかったことだ。マンデラは圧政者の法廷における正義のシンボルとしての自分の力に気づいた。「あのとき、あの場所で、気づきました。わたしは闘争を続けられる、たとえ敵の砦のなかで戦わなければならなくても」と、マンデラは書いている。

### ◆被告席で

マンデラ裁判はヨハネスブルグの裁判記録簿に 1962 年 10 月 15 日と記載されている。アフリカ民族会議（ANC）はマンデラ釈放委員会を立ち上げ、派手にマンデラ釈放運動をおこなった。プレトリアにある裁判所は、以前はシナゴーグ〔ユダヤ教の会堂〕だった建物で、裁判当日は満員になった。マンデラは伝統的な民族服にジャッカルの毛皮のカロス〔袖なしのケープ〕を羽織って、アフ

左：ロベン島の政治犯の再会に際し、演説するマンデラ
上：マンデラが過ごしたロベン島の独房にて

リカ人としての自分を白人の法廷にみせつけた。マンデラは、自分の弁護をする過程で、国の罪を問うつもりだと表明した。そしてまず、裁判官に退廷を求めた。さらに、自分たちの代表者のいない議会の法律に従うことはできない、裁判官も検事も廷吏も白人の法廷では、公正な裁判を期待できないと主張した。検察側は 100 人以上の証人を召喚し、そのほとんどが法の厳密な解釈に基づく証拠を示して、マンデラが実際に法を犯して国外に出たこと、アフリカ人に仕事にいかないよう呼びかけたことを裏づけた。マンデラは、弁護側にも 100 人ほどの証人を立てるといっていたが、最初の証人を呼ぶ段になるとその必要はないといった。

マンデラはだれかに証言させるのはやめて、その時間を"最終弁論"に使い、熱のこもった政治信条を語った。彼が明らかにしたかったのは、自分がどんな人間で、そのルーツがどこにあるか、なにが彼を過去の政治活動へと駆り立てたのか、そしてなぜ、チャンスがあれば再び同じことをするのかだった。「わたしは自分の義務を果たしたのです。わたしの民族と、南アフリカのために」マンデラはいった。「後世の人々は間違いなく、わたしが無実であり、この法廷で裁かれるべき犯罪者は政府の人間だと断言するでしょう」治安判事は 10 分の休廷ののちマンデラに判決をいい渡した——懲役 5 年、執行猶予なし。1962 年 11 月 7 日、27 年間におよぶ拘束のはじまりだった。

### ◆プレトリアでの収監

プレトリアの刑務所に着くと、マンデラはアフリカ人男性用の囚人服を渡された。短パン、カーキ色のシャツ、キャンバス地の上着、サンダルだ。アフリカ人以外の囚人には、長ズボンが支給されていた。マンデラは刑務所の職員に、いかなることがあっても短パンを着用するつもりはなく、必要なら最高裁と交渉すると伝えた。食事の時間に冷たい粥を出されると、食べるのを拒んだ。刑務所側は、マンデラが長ズボンをはき、ひとりだけ自前の食事をとるのは構わないが、そのためには彼をほかの政治犯から隔離しなければならないといった。どちらもゆずらなかったが、このときばかりはマンデラが先に折れた。独房の孤独に耐えられなかったのだ。マンデラはほかの囚人たちのところに戻すよう訴えた。やっと雑居房に戻れたときには、彼自身がのちに書いているように、冷たい粥が楽しみに思えそうだったという。

1963 年 5 月が終わる頃、マンデラはロベン島の重警備刑務所に移送された。ロベン島は、ケープタウン沖のテーブル湾に浮かぶ島だ。

> マンデラは刑務所の職員に、いかなることがあっても短パンを着用するつもりはなく、必要なら最高裁と交渉すると伝えた。

写真：ロベン島刑務所

# 被告席からの声明

「基本的に、わたしたちはふたつの特殊な状況と戦っています。それは南アフリカのアフリカ人の人生に刻まれた刻印であり、法律によって確立されたものです。わたしたちは、その法律を廃止すべきだと考えます。ふたつの特殊な状況とは、貧困、それと人間の尊厳の欠如です。共産主義者やいわゆる "扇動者" がいなくても、そんなことはわかります。南アフリカは、アフリカ大陸でもっとも豊かな国です。世界一豊かな国のひとつだといえるかもしれません。しかし、南アフリカは、両極に分断されていて、そのふたつがあまりにも対照的です。白人は世界でも最高水準の生活を享受し、その一方でアフリカ人の生活は貧しく惨めです……」

「貧困のあるところには、必ず栄養障害や病気が生まれます。栄養障害、栄養不足による病気の発症率はアフリカ人の間で非常に高いのです。結核、ペラグラ〔ビタミンB群欠乏症〕、クワシオルコル〔アフリカの子どものトウモロコシ偏食によるタンパク質欠乏性の栄養失調〕、胃腸炎、壊血病が死をもたらし、衛生状態の悪化を招いています。幼児の死亡率は世界で1、2を争うほどです……」

「義務教育はすべての白人の子どもに無料で施されています。親が金持ちでも、貧しくても無料です。ところが、アフリカ人の子どもは有料です。なかには、そのような支援を受けられるケースもあるにはあるのですが、アフリカ人の子どもは一般に、教育を受けるために白人より多額の金を払わなければならないのです……。教育の内容も異なります。『Bantu Educational Journal（バントゥー教育ジャーナル）』によると、アフリカ人の子どもは、南アフリカ全国でたった5660人しか中学を卒業していません。これは1962年のデータです。同じ年に大学の入学試験に受かったのはわずか362人でした……」

「もうひとつ、南アフリカの経済発展を妨げている主な要因は、産業カラーバー〔人種割り当て〕です。産業界のいい仕事はすべて白人が独占しています。さらに、アフリカ人は単純労働や半熟練労働の職——彼らに開かれている職——に就けたとしても、労働組合を作れません。組合は産業調停法で認められているのに、アフリカ人には許されないのです。つまり、アフリカ人労働者のストライキは違法で、団体交渉権を否定されているということです。これは、高収入を得ている白人には認められています……」

「アフリカ人に人間の尊厳が欠如しているのは、まさに白人至上主義の弊害です。白人優位ということは、黒人が劣っているといっているのと同じです。白人優位の維持を目的とした法律は、そういう考えを定着させます。南アフリカでは、雑用は必ずアフリカ人がおこないます。なにかを運ぶとか、きれいにする必要があれば、白人は周囲を見回してアフリカ人を探し、その仕事をやらせます。自分の使用人でなくても構わないのです。このような態度をとっていると、白人はアフリカ人を同じ人間と思わなくなります。白人は、アフリカ人にも家族がいるとは考えません。白人にはわからないのです——アフリカ人にも感情があり、白人と同じように恋に落ち、白人と同じように妻や子といっしょに暮らしたいということを。アフリカ人だって、十分に金を稼いで家族にまともな生活をさせたいし、食べ物や着る物に困ることなく、学校に通わせてやりたいのです。しかし、いったいどんな "下男" や "庭師" や単純労働者に、そんなことが望めるでしょう？」

「パス法〔正式名称は原住民身分証明書廃止および書類調整法〕は、アフリカ人がもっとも嫌う南アフリカの法律のひとつです。アフリカ人はすべて、どんなときも警察の監視下におかれる恐れがあるからです。南アフリカのアフリカ人男性は、必ずなんらかの機会に身分証のことで警察ともめたことがあるでしょう。何百、何千というアフリカ人が毎年パス法がらみで刑務所に入れられます。その結果さらにひどいことに、パス法によって夫婦が離れ離れになり、家族生活が破綻に追いこまれています……」

「アフリカ人は、生活できるくらいの給料はほしいのです。アフリカ人は、自分の能力でできる仕事をしたいのです。それは、政府が"アフリカ人にできる"と決めた仕事ではありません。アフリカ人は仕事場の近くに住み、出身地ではないからといって追い出されないようにしてもらいたいのです。自分の土地を仕事場のある地域にもたせてほしいのです。借家という、一生自分のものといえない家に住みたくないのです。アフリカ人も、普通の人々と同じように暮らしたいし、隔離地区に押しこめられたくないのです。アフリカ人の男性も、妻や子どもたちと暮らしたいのです。男ばかりの宿泊所で暮らすのは、不自然ではありませんか。アフリカ人の女性も男たちと暮らしたいのです。死ぬまで未亡人として居留地で暮らしたくなどありません。アフリカ人も、夜11時以降に外出したいのです。小さな子どものように、自室に閉じこめられていたくはありません。アフリカ人は自分の国のなかを移動し、自分の決めた場所で仕事を探せるようになりたいのです。どこで働くかを労働局に決められたくありません。アフリカ人は、南アフリカ全体のなかで当然のことを求めているのです。安全に暮らし、社会参加したいのです」

「なによりも、わたしたちは平等な参政権を求めます。それがなければ、わたしたちは永遠に無力だからです。この国の白人には革命的にきこえるでしょう。わたしたちが参政権をもつということは、有権者の大多数がアフリカ人になるわけですから。だから、白人は民主主義を恐れるのです……」

「肌の色によって政策を分けるのはまったく不自然です。そんなものがなくなれば、ある人種が別の人種を支配することもなくなるでしょう。アフリカ民族会議（ANC）は半世紀も人種差別と闘ってきました。ANCが勝利しても、人種差別を廃止するという基本方針は変わりません……」

「わたしは生涯をかけて、アフリカの人々のこの闘争に身を捧げてきました。白人の支配とも、黒人の支配とも闘ってきました。わたしが大切にしてきた理想は、民主的で自由な社会です。だれもがお互いを尊重しあい、平等な機会をもてる社会です。わたしはその理想のために生き、その理想を実現したいのです。しかし必要であれば、その理想のために、わたしは死ぬ覚悟ができています」

マンデラが被告席でおこなったスピーチからの抜粋。

# ロベン島

　ロベン島は、わずか 5 キロ平方メートル強の小さな島だ。南アフリカ本土までの最短距離は約 7 キロ、いちばん近いブロウベルフストランドの海岸は、ケープタウンの西岸にある。泳げない距離ではないが、かなりの持久力と泳力が必要だ（受刑者のヤン・ライクマンが、1690 年に陸まで泳いで渡ったのが現存する最初の記録だ）。1652 年、ケープタウンにヤン・ファン・リーベック率いるオランダ東インド会社が船をつけたが、それ以前はテーブル湾に寄って、水や生鮮食品の補給をする船にとっては、本土よりもロベン島で物資を積みこむほうが安心だった。

　ケープタウンはほぼ西欧と東洋の中間地点に位置しており、非常に便利だったため、長年の間、郵便の荷下ろし地としても使われていた。オランダは南アフリカに入植して数年たつと、ロベン島を囚人の流刑地として使いはじめた。記録に残されている最初の囚人は、アウチュマオというコイ人の伝統的指導者だった。白人は彼を“浜辺で暮らすハリー”と呼んだ。ほかに初期の囚人には、政治的指導者や伝統的指導者がいたが、彼らは南アフリカ東部のオランダ植民地から島に送られてきた。また、反逆者、そしてのちには東ケープ州の植民地拡大に抵抗したコサ人も送られてきた。もっとも有名なコサ人の戦士に、マカナ・ネーレがいた。1819 年、グラハムズタウンで何千もの兵士を率いてイギリスに立ち向かった人物だ。彼は、島から逃げようとして溺れて死んだ。ロベン島はまた、ハンセン病患者の隔離、精神病院、刑務所、検疫所、捕鯨の中継地にも使われた。第二次世界大戦中には砦が造られた。ケープタウンを、ドイツの攻撃の脅威から守るためだった。これらの施設は、のちに海軍の訓練地として使われた。

　1960 年、シャープヴィル大虐殺が起こったこの年は、南アフリカで初めて非常事態宣言が発令され、裁判なしの拘留の第一波が訪れた大混乱の年だった。ロベン島の管轄は国防省から南アフリカ矯正局に移された。1961 年、改めて刑務所としての準備が整えられ、ロベン島は黒人の政治犯用の刑務所（一般の囚人も多数いたが、政治犯とは別に収監されていた）として再開された。政治犯の中には、さまざまな組織のメンバーがいた。アフリカ民族会議（ANC）、パンアフリカニスト会議（PAC）、共産党、統一運動などのメンバーだ。1968 年から、ナミビアの南西アフリカ人民機構（SWAPO）のメンバーもロベン島に収監された。

　ネルソン・マンデラは 1963 年に初めてロベン島に収監され、再びここに送られたときには、ともに起訴された 5 人といっしょだった。ウォルター・シスル、ゴヴァン・ムベキ、アメッド・カスラーダ、アンドルー・ムランゲーニ、レイモンド・ムフラバとともに、リヴォニア裁判後に収監されたのだ。この裁判で有罪判決を受けた 7 人目はデニス・ゴールドバーグだが、白人だったため別の刑務所に収監された。最後の政治犯がロベン島をあとにしたのは 1991 年のことだ。島は 1996 年、国の歴史的建造物に指定され、1997 年には国立博物館となり、1999 年、世界遺産となった。

## ◆リヴォニア裁判

　マンデラは、ロベン島での生活に慣れたころに、プレトリアに戻された。そこで、ウォルター・シスル、ゴヴァン・ムベキ、アメッド・カスラーダ、レイモンド・ムフラバ、エリアス・モツォアレディ、ラスティ・バーンスティーン、デニス・ゴールドバーグ、ジェイムズ・カントー、ボブ・ヘップルらとともに破壊活動と反逆罪で起訴されたのだ。この南アフリカ解放闘争の抜きんでたリーダーたちは、当時、最高裁判所のあったプレトリアの　裁　判　所　で死刑の可能性さえある裁判にかけられる。この裁判の正式名称は、"国家対ネルソン・マンデラその他"だが、リヴォニア裁判としてよく知られている。裁判は 1963 年 10 月 9 日にはじまった。裁判所長はトランスヴァール州のクアルツス・デヴェットだった。

　検事はパーシー・ユターで、弁護団にはブラム・フィッシャー、ジョージ・ビゾス、ジョエル・ジョフ、ヴァーノン・ベランジェ、アーサー・チャスカルソンが名を連ねていた。妻のウィニー・マンデラは、その日の法廷に駆けつけることができなかった。自宅軟禁中だったため、ヨハネスブルグから出られなかったのだ。アルバティーナ・シスル、キャロライン・モツォアレディは拘留され、シスルの息子、マックスは逮捕された。連邦は、家族に圧力をかけることで政敵を徹底的にいためつける術に長けていた。その後ウィニー・マンデラは、審理を傍聴できるよう法務大臣に許可を求め、伝統的な民族衣装を身につけないという条件で認められた。検察側は 1964 年 2 月 29 日に主張を終え、4 月 20 日に弁護側の陳述がはじまった。

## ◆終身刑

　3 週間の休廷後、デヴェット裁判所長が判決をくだすことになり、1964 年 6 月 11 日、　裁　判　所　に関係者が出廷した。ロンドンのセントポール大聖堂では夜を徹して、被告人たちを支持する祈りがささげられた。イギリスの国会議員 50 名が抗議デモをおこない、世界中の港湾労働者が南アフリカの物品の取り扱いをやめると脅し、国連安全保障理事会（米英を含む 4 カ国が棄権）は恩赦を要請した。しかしデヴェット裁判所長は、ラスティ・バーンスティーンひとりを無罪とし、その他の被告全員に有罪判決を下した。刑罰は翌日いいわたされることになっていた。被告人たちは弁護団に、たとえ死刑判決が出たとしても上訴しないと伝えた。1964 年 6 月 12 日は、彼らにとって最後の入廷となった。

　「被告人全員に終身刑をいいわたす」と、デヴェット裁判所長は述べた。その日の夜遅く、マンデラ、ムベキ、シスル、カスラーダ、ムフラバ、モツォアレディ、ムランゲーニは軍用機でロベン島に移送された。服を脱がされ、新たに囚人服を支給された。インド人のカスラーダ以外には全員、短パンが与えられた。

## ◆ふたたび島へ

　ロベン島には南アフリカの（あらゆる）反アパルトヘイト団体を代表する指導者たちが投獄されていた。リヴォニア裁判の受刑者たちは、島に新たに準備された B セクションに移された。B セクションは壁で囲まれた敷地の片側にある独房棟だった。独房には、南アフリカ・カラード人民機構を創設したジョージ・ピーク、詩人で活動家のデニス・ブルータス、ナタールインド人会議を強固に支持するビリー・ネア、非ヨーロッパ人統一運動（NEUM）のネヴィル・アレクサンダー、フィキレ・バム、パンアフリカニスト会議のゼファニア・モトペンが入れられていた。まるで闘争の国際連合のようだ。環境は劣悪だった。冬だというのに囚人たちはろくに着る物もなく、常に寒い思いをしていた。食事もひどかった。作業は、中庭でサッカーボール大の石をくだいて砂利にするこ

とで、これはかなりの重労働だった。看守は人種差別主義者で残酷だった。マンデラが1962年にこの刑務所で数週間過ごしたときにはまだ試行的な印象があったらしいが、1964年には「南アフリカの刑罰制度のなかでももっとも厳しく残虐非道な出先機関になっていた」と、記している。人種差別は歴然としていた。黒人の看守はひとりもおらず、白人の囚人はひとりもいなかった。囚人は午前5時30分に起こされ、バケツのトイレを洗うために6時45分に房の外に出ることを許されていた。その後、中庭でトウモロコシ粥とコーヒーの朝食が出される。朝食が終わるとただちに、囚人は独房に戻って身体検査を受ける。それから広場にいき、正午まで石を砕く。昼食は、アフリカ人

の囚人にはゆでたトウモロコシ、インド人を含むカラードの囚人には多少のつけ合わせを添えて提供される。昼食後、囚人は作業を再開し、2度目の身体検査がおこなわれる午後4時まで続ける。4時30分からの夕食は、やはり人種によって内容が異なった。

　午後8時、夜番の看守は独房に面した通路に入って施錠し、ドアに開いた穴から同僚に鍵をわたす。"消灯"はない。独房内にひとつある裸電球が消されることは決してない。囚人はA、B、C、Dに分類されており、その分類によって権利——例えば、面会の回数や手紙を出せる回数——が異なる。刑務所のスタッフはこの権利を餌にして囚人をうまく管理しようとした。素行のよい囚人に

上：ロベン島刑務所の看守

人種差別は歴然としていた。黒人の看守はひとりも
おらず、白人の囚人はひとりもいなかった。

は多くの特権が与えられた。

　これはまた、心理的な拷問でもあった。囚人はたいてい、愛する人たちに会う機会を増やすためならなんでもする。マンデラは2度目のロベン島収監で最低限の権利しか認められないDグループに入れられた。30分の面会と、手紙のやりとりが1度。これが半年ごとに許される権利だった。

　受け取る手紙も、厳重な検閲を受けた。ときには、あいさつ文以外の内容はなにも読めないこともあった。はじめ、検閲官は黒のインクで問題となる内容を塗りつぶしていた。しかし、インクを洗い流せば下の文字が読めることがわかると、気に入らない部分をカミソリで切り抜くことにした。マンデラがロベン島に収監されて3カ月後、妻のウィニーが会いにきた。ふたりは看守に囲まれ、分厚いガラス越しに、相手に触れられない面会室で話した。ウィニーは疲れているようだった。マンデラはのちにその理由を知った。ウィニーに2度目の活動禁止令が出され、彼女が大好きだった児童福祉事務所での仕事を続けられなくなっていたのだ。マンデラは無力感に苛まれた。妻と子どもたちの面倒をみてやれない。刑務所にいるのだから。そして、政府はウィニーへの締めつけをどんどんきつくし、暮らしは厳しくなっていた。

左：ロベン島の看守
上：ロベン島刑務所

「刑務所では、家族の悪い知らせより、
まったく知らせがないことのほうがつらい」
——ネルソン・マンデラ

釈放後のマンデラを取材したジャーナリストたちは撮影にフラッシュを使わないようにいわれた。マンデラのスタッフは報道関係者には必ずその注意を伝えていた。テレビの撮影班も照明を使うので、このルールをよくわかっていた。問題の元凶は、ロベン島の石灰採石場だった。極端なまぶしさと、粉塵のせいで多くの囚人たちが目をやられたのだ。マンデラが刑務所から出てきたとき、彼の目は光に過敏になっていた。マンデラと仲間の政治犯は何カ月もの間、刑務所の中庭に運ばれてくる岩を砕いていたが、そのあとは、採石場にいって仕事をするようになった。

マンデラが採石場に初めていったとき、現場の責任者は、ここでの仕事は6カ月で、その後は軽作業に戻れると請け合った。しかし、マンデラは採石場で13年も働くことになった。採石場の仕事をはじめて数日たつと、囚人たちは正式な要請を出し、サングラスの支給を求めた。要請は却下された。その後何カ月もの間に、サングラス支給要請は何度もおこなわれた。許可がおりるまでに3年かかった——といっても、それは自分でサングラスを購入する許可だった。刑務所の環境を改善する運動が、新たな闘争のひとつとなった。不当な扱いに対する闘争でもあるが、自分たちの人間らしさを保つための闘争だった。

◆刑務所 "大学"

ロベン島刑務所にはユニークな評判が立つようになった。学びの場だというのだ。本格的な通信教育を受ける者がいて、政治教育が（政治犯が仲間の囚人に教えるかたちで）おこなわれ——それから、囚人どうしの交流によって学べることもあった。というのも、島には文化も、教育レベルも、関心も、能力もさまざまな囚人が集まっていたからだ。どんな学問も許されたわけではなく、条件や例外はあった。例えば、政治学や軍事史のように禁止されている科目もあった。多くの囚人が十分な教材を購入できなかったし、本を共有したり貸し借りしたりするのは禁じられていた。また、囚人は大学院の修士課程に申し込むことはできなかった。ただし、マンデラの場合、すでに法律の学位をとるコースに登録ずみでロンドン大学の支援を受けており、それを継続するのは許された。

数カ月たたないうちに、刑務所のBセクションの囚人のほとんどが学位をとるためのコースに登録したり、高校の課程を終えたりした。しかし、ロベン島が大学として知られるようになった理由は別にある。政治教育が、囚人自身により、囚人自身のために展開されたからだ。政治教育は、最初は政党の垣根を越えておこなわれたが、のちには同一政党の囚人に向けておこなわれるようになった。囚人教授は正式なカリキュラム、シラバス、学習課題を作成した。アフリカ民族会議（ANC）のシラバスAは、2年間の講義プログラムだった。

マンデラと仲間の政治犯は何カ月もの間、刑務所の中庭に運ばれてくる岩を砕いていたが、そのあとは、採石場にいって仕事をするようになった。

上：ネルソン・マンデラ。ロベン島の石灰採石場で

ウォルター・シスルは ANC の起源を、アメッド・カスラーダはインド人の闘争の歴史を、マック・マハラジはマルクス主義を、マンデラは政治経済を教えた。ほかにもいくつかのコースがあった。

次々に囚人が加わった。東ヨーロッパやアジアで政治を学んだり、軍事訓練を受けたりした人々が逮捕されて収監されるうちに、教育の内容が充実していった。禁書を読むことが、ロベン島の政治教育の重要な部分と考えられた。刑務所という抑圧的な環境の下で、とりわけ囚人がほとんど情報を得ることができなかったことを考えれば、そこでかなりの読書がおこなわれていたのは実に注目に値する。

禁書を複雑な経路でこっそり持ちこんだり、書き写したりして、囚人たちは自前の図書室を作りあげた。大学のことが刑務所じゅうに知れ渡ると、参加希望者は B セクション以外の一般房からもくるようになった。そして複雑なシステムで講義ノートをやりとりするうち、大学の教育内容は広がり、通信教育に引けを取らないくらいのものになった。

政治犯たちは看守の勉強にも必要に応じて力を貸し、見返りに手紙を出してもらったり、本をこっそり持ちこんでもらったりした。そのほかにも、看守からありがたい協力を得られた。抜き打ち検査を事前に教えてもらえるようになり、"違法"教材を房内から移動させることができるようになった。

### ◆夏のゲーム大会

南アフリカ人はスポーツ好きだ。ロベン島の住人も同じだった。試合や対戦にはさまざまな利点があった。政治信条を越えた連帯感が生まれるし、囚人の健康維持とストレスの解消にもなる。また、異なるセクションに収監された囚人たちの交流と情報交換の機会となり、リーダーは組織力を発揮できた。スポーツ・レクリエーション委員会が各セクションに設置され、各種目に専門の審判チームがついた。

1970 年代ロベン島ではサッカーに人気があったが、ラグビー、テニス、陸上や、チェス、チェッカー、スクラブルなどのボードゲームを好むものもいた。1970 年代半ばには、囚人たちが毎年"夏のゲーム大会"を企画するようになった。これは 6 カ月の長期にわたる行事で、開幕当日には、オリンピックのような聖火をアスリートが競技場に運んでくる。当初、政治犯は各セクション内でチーム分けをしたが、のちには、各セクションが互いに競い合うようになった。それまでそのようなことは稀だったので、非常に貴重な機会だった。

1980 年代には、競技種目も、備品も、チームも増えていった。新たな種目として卓球とシャッフルボードが加わり、やり投げと円盤投げが屋外競技に加わった。セクションの異なるチームが、頻繁に競い合うようになった。マンデラはチェッカーが好きで、年に 1 度の大会に毎回参加した。「優勝した年もありました。賞品はたいていチョコバーでした」と、マンデラは自伝に書いている。「わたしは、ゆっくりと慎重で、戦略は保守的でした。可能な手はすべて一手二手先まで考え、次の手を打つのに時間をかけました。これがわたしのやり方です。こういう比喩はまずいかもしれませんが、チェッカーにおいても政治においても」

左：ロベン島の石灰採石場

### ◆1976年の学生暴動

　1976年6月16日は、南アフリカの歴史において重要な日だ。その日、ソウェトの学生が町に出て、新しい法律への怒りを爆発させた。学校教育をすべてアフリカーンス語〔入植者がもたらしたオランダ語が現地の影響を受けて変化した言語〕でおこなうという法律だ。彼らにとって、アフリカーンス語は圧政者の言語だった。当時の政府がうまく革命に蓋をしたと考えていたとしたら、それは間違いだった。たしかに政府は、アフリカ民族会議（ANC）、パンアフリカニスト会議（PAC）の主要メンバー全員と、国じゅうに広がった反アパルトヘイト運動の歴史に名を残しそうな人々を刑務所に入れ、活動を禁止し、暴力で服従させたが、新たに台頭しつつある勢力を放置していた。それはブラックコンシャスネス〔黒人意識〕運動と、その中心となる南アフリカ学生協会（SASO）だ。

　ソウェトの学生が1976年6月、勇気ある行動を起こし、それを警察は容赦なく弾圧した。その結果は深刻で、何千人もの民兵が緊急招集された。抗議行動が全国に広まり、国じゅうがパニックになったからだ。政府は白人の学校が襲われるのではないかと恐れた。白人の親たちが動員され、学校を夜間に警備した。本格的な内乱がはじまるかにみえた。治安警察は、ブラックコンシャスネス〔黒人意識〕運動のカリスマ的な指導者、スティーヴ・ビコを逮捕し、1977年9月に暴行を加えて死亡させた。すでに、数万人が拘束されていた。軍事や政治に関する訓練を受けるため、あるいは単に、逮捕を避けるために何千人もが国境を越えた。

　一連の事件のニュースはロベン島にも伝わった。政治犯のセクションは、新たな囚人で埋まりはじめ、収容人数を超えた。やがて一般囚のほとんどを本土に移送しなければならなくなり、さらに

送りこまれる政治犯を収容できないほどになった。政治犯が増えたことで、刑務所の環境の改善には多少の効果があった。採石場での仕事がなくなったのだ。マンデラの推測では、政治犯の人数が増えすぎ、安全上の不安が生じたためだろうとのことだ。

　そして食事がおいしくなった。政治犯が調理場の担当になってすぐだ。もはや一般囚の調理人に、いい食材を金や賄賂として使われることはなくなったからだ。（アフリカ人の囚人には、相変わらずインド人やカラードの囚人と違う食事が与えられ、これは1979年まで続いた）。マンデラにとっては、ソウェト蜂起後の期間、非常に痛ましいことが続いた。1977年、オーランドの家のものがすべてトラックでオレンジ自由州の小さな町、ブランドフォートに運ばれ、ウィニーが強制的にそこに移されたのだ。末娘で、マンデラの血を引くいちばん年少の子ども、ジンジとともに、ウィニーはトタン屋根のほったて小屋の前に放り出された。絶望的に貧しいコミュニティで、話し言葉のソセト語は、母と子には理解できない言葉だった。ふたりは昼夜を問わず、警察に監視されていた。

# 第 5 章

# 夜明け前の暗闇

ロベン島でのマンデラの生活は唐突に終わった。

**1** 982 年 3 月 31 日、マンデラの房に刑務所長がやってきて、所持品をまとめるよう指示した。どこにいくのか、なぜ房を出るのかはいわれなかった。ウォルター・シスル、レイモンド・ムフラバ、アンドルー・ムランゲーニにも同じ指示が出された。囚人たちに別れを告げる間もなく、数分のうちにフェリーに乗せられ、ケープタウンに向かった。ポールズムア重警備刑務所に到着してようやく、そこに収監されるのだとわかった。ケープタウン南の郊外にある刑務所だ。

数カ月後、4 人が 6 人になった。アメッド・カスラーダとパトリック・マクベラが加わったのだ。マクベラは若い弁護士で、反逆罪で懲役 20 年をいい渡され、服役中だった。当時、ポールズムア重警備刑務所に収監された政治犯はこの 6 人だけだった。ロベン島と比べてかなりまともな部屋を与えられ、外のテラスに出ることも許された。マンデラは菜園を作った。島で作って世話をしていた菜園より大きかった。また、ポールズムアでは家族と面会しやすくなったのがうれしかった。1984 年 5 月、マンデラは初めて正式に"接触面会"を許可され、21 年ぶりに妻にキスをした。

### ◆政府の提案

　1970年代、政府は初めて、話し合いによる政治的解決の可能性を模索しはじめた。しかし、その試みは中途半端で、条件だらけだった。法務警察大臣のジミー・クルーガーは閣僚として初めて、ロベン島を訪れてマンデラに会い、交渉の余地があるかを探った。政府の提案は、〔国内に“バントゥー・ホームランド”または“ホームランド”と呼ばれる黒人の独立国家をいくつか作る〕分離発展政策路線で話し合おうというものだった。話し合いはその後何度もおこなわれ、クルーガーは、マンデラと自分はいわば対等な関係にあるとにおわせた。マンデラとは話ができるが、ほかの者とは無理だ、と。それをきいたマンデラは、自分を仲間やアフリカ民族会議（ANC）から孤立させようとする見え透いた試みと解釈し、クルーガーに、そのような話し合いの余地はないといった。

　ポールズムア重警備刑務所では、1984年後半から1985年前半にかけて、欧米からふたりの政治の専門家がマンデラを訪れている。イギリス上院議員で欧州議会議員でもあるニコラス・ベセル卿と、上院ウォーターゲート特別委員会の主席法律顧問の経験もあるジョージタウン大学のサミュエル・ダッシュ教授だ。彼らは、マンデラと政府がどのような社会的、政治的変革をすれば武力闘争を停止できるか話し合った。これは本格的な交渉とはいえないが、政府がアパルトヘイト政策を維持できるか疑問をもちはじめているのはたしかだった。新しい組織である統一民主戦線（UDF）が、ザンビアの首都ルサカにあるANC本部の求めに応じて南アフリカを統制不可能な状態にすることを意図して設立され、その影響が町にあらわれはじめていた。国際社会では、南アフリカは孤立し、制裁や不買運動が経済を圧迫しつつあった。マンデラは長年、この問題のシンボルとみなされていたが、次第に南アフリカを救う可能性のある人物とみられるようになった。

左：ロベン島と本土を結ぶ船上の囚人たち
上：統一民主戦線はアフリカ民族会議が活動を禁止されたあとの空白を埋めた

# 統一民主戦線（UDF）と非常事態宣言

　1980年代、南アフリカ政府は限界を感じていた。これ以上アパルトヘイト政策をそのまま維持することはできない。軍は手いっぱいだった。南西アフリカ人民機構（SWAPO）をナミビアとアンゴラの国境に押しとどめておかなければならないし、アンゴラではキューバ軍と闘い、モザンビークではモザンビーク民族抵抗運動（RENAMO）を支援している。また、熟練したウムコントウェシズウェ（MK）戦闘員が南アフリカ国内に戻ってこないようにしつつ、越境して襲撃、誘拐、爆破、暗殺などの事件を起こすのも阻止しなければならない。そして、南アフリカの町なかで高まりつつある抵抗——アフリカ民族会議（ANC）の呼びかけに応じて国内を統制不可能にするための抵抗——を封じこめる必要もある。南アフリカの国際社会での面目はまるつぶれだった。欧米の右派指導者たちのなかにはいくらか共感してくれる者がいたが、彼らでさえある程度距離を置くようになった。そして、イスラエルと台湾は好意的だったが、彼らもまた友好国を必要とする少数派なのだ。不買運動や経済制裁や投資撤退運動の声が高まり、南アフリカは完全に孤立させられようとしていた。

　1983年、統一民主戦線（UDF）が設立された。これは人種の垣根を越えた巨大なネットワークで、何百という市民団体、教会、学生団体、芸術団体、スポーツ団体、労働者団体などの組織が加わっていた。UDF設立のころには、政府はもう限界だった。UDFは当初、有名な指導者、アルバティーナ・シスル、デズモンド・ツツ大主教、アラン・ボーサック牧師らを前面に出し、人種別三院制議会案に反対することに主眼をおいていた（政府は新たにふたつの議院を設けたが、アフリカ人は"バントゥー・ホームランド"または"ホームランド"と呼ばれる自治国および独立国家にいるという理由で、二院をカラードとインド人の代表で構成させた）。しかしUDFは支持者が広範にわたり、何百万人にものぼっていたので、たちまちほぼすべての階層の人々を巻きこみ、どの大学にも、何千もの学校やコミュニティにも広まった。UDFがスローガンとした"全面攻撃"に直面し、政府はかつてないほど厳しく対応した。"全面戦略"でそれに対応し、複雑な安全保障システムを兵士、警察、公務員に遂行させた。政府は使える手段はすべて使った。しかし、何年もたってから真実和解委員会への証言で、デクラーク元大統領は、1980年代最悪の治安部隊によるいきすぎの責任は、少数のがん細胞にあったといっている。

　1985年7月21日、ブアタ大統領は36の行政区において非常事態を宣言し、行政当局に実質的な自由裁量を与え、逮捕要件の制約をなくし、国民の不安を引き起こしそうな兆候があればすべて鎮圧するよう指示した。集会は禁止され、メディアの取材も制限された。非常事態宣言は1986年3月に解除されたが、わずか3カ月でさらに厳しい非常事態宣言が全国に適用された。この非常事態宣言が解除されたのは、マンデラが釈放されてからだった。"アフリカ持続可能な民主主義のための選挙機構"が発表した調査結果によると、4万4000人が1985年7月から1986年3月の間に拘留され、さらに2万5000人が1986年6月から12月の間に拘留されたという。

　「サウス・アフリカン・ヒストリー・オンライン」に掲載された統計が、闘争の血なまぐささを物語っている。非常事態宣言発令から6カ月以内に、575人が政府の暴力によって命を奪われた。その半数以上が警察による殺害だった。

上：統一民主戦線の指導者、アラン・ボーサック牧師
下：警察と向かい合う市民

1985 年 1 月の国会で、P・W・ブアタ大統領は、武力放棄を条件に、マンデラをはじめとする政治犯を釈放すると公言した。10 日後、マンデラは手紙で返事をし、それを娘のジンジが統一民主戦線（UDF）の大集会で読みあげた。マンデラが南アフリカの人々に向けてメッセージを伝えられたのは、1964 年のリヴォニア裁判でのスピーチ以来のことだった。マンデラはまず、政府が彼の愛する組織を分裂させようとしているといい、自分は命が尽きる日まで、ANC のメンバーであり続けるといった。彼は、政府が出してきた武力放棄という条件に驚いていた。ANC が武力闘争に踏み切ったのは、政府がすべての平和的な抵抗を閉ざしてしまったからだった。

　ブアタこそ、暴力を放棄し、アパルトヘイト政策を廃止し、政治団体の活動禁止を解き、政治犯を釈放し、自由な政治活動を保証するべきだと、マンデラは考えていた。「わたしが自由になることはとても大事です。しかし、みなさんの自由はさらに大事なのです」ジンジは人々の前で代読した。

　人は自由でなければ交渉などできないし、囚人という立場では、契約を結ぶことはできない、と考えを述べ、こう続けた。「わたしにはいかなる約束もできないし、するつもりもありません。わたしもみなさんも、つまり、国民が自由ではないからです。みなさんの自由とわたしの自由を分けて考えることはできません。わたしは戻るべきところに戻ります」

「わたしにはいかなる約束もできないし、するつもり
もありません。わたしもみなさんも、つまり、国民が
自由ではないからです。みなさんの自由とわたしの
自由を分けて考えることはできません。わたしは
戻るべきところに戻ります」——ネルソン・マンデラ

左頁左：Ｐ・Ｗ・ブアタ大統領
左頁右：政治犯の釈放を求めて抗議する人々
上：抗議活動をする人々。棺にはアパルトヘイト政策推進者の顔写真が貼られている

### ◆新たな方向

　前立腺の手術をケープタウンの私立病院でおこなった後、マンデラはポールズムア重警備刑務所に戻り、部屋が数室ある監房に入れられた。なぜ同志と別室にされたのかについては、なんの説明もなかったが、考える時間ができた。マンデラは、アフリカ民族会議（ANC）も政府もなかなか交渉のテーブルにつかないだろうということはよくわかっていた。どちらも相手が大きく譲歩しなければ話し合わないだろう。マンデラは心を決め、その膠着状態をなんとかしようとしたが、それはロベン島で岩を砕くよりもはるかに難しいとわかった。マンデラは、自分の計画をだれにも話さないことに決めた。「指導者が集団の前に出て、新たな方向に進まなければならないことがある。民衆を正しい道に導いていると信じて」と、マンデラは自伝で説明している。

左：ケープタウンでのマンデラの弁護士、ダラー・オマール
上：抗議活動をする人々。活動を禁止されたアフリカ民族会議の旗を掲げている

# フリー・マンデラ運動

　マンデラを投獄し、彼の写真や言葉を使うことを禁止したのだから、ネルソン・マンデラは人々の記憶から消えていくだろう。南アフリカ政府は、そう考えていた。ところが、ネルソン・マンデラという幽霊のような存在は、世界じゅうで正義と高潔の象徴になり、彼の釈放を合言葉に、アパルトヘイト政策に対する史上最大の人権運動が展開されていった。

　規模は大きくないが、"フリー・マンデラ運動"はもともとアメッド・カスラーダが先頭に立って、1962年にはじまった。マンデラの逮捕直後のことだ。カスラーダは間もなく自宅軟禁になり運動を継続できなくなったが、フリー・マンデラ運動は衰えるどころか勢いを増した。

1963 年、マンデラをはじめとするリヴォニア裁判の被告が出廷した日、国連総会の特別政治委員会では、アフリカ民族会議（ANC）の書記長オリヴァー・タンボと、イギリスの反アパルトヘイト運動の代表アンブローズ・リーヴス尊師が演説をおこなっていた。その 3 日後、国連総会はある決議を採択した。南アフリカ政府にアパルトヘイト政策反対を訴える人々を弾圧しないよう求め、リヴォニア裁判を中止してすべての政治犯を釈放するとともに、アパルトヘイト政策に反対したために投獄、拘留、または活動を規制されているすべての人々を自由にするように求める決議だった。これは 106 対 1 で採択され、反対したのは南アフリカだけだった。

　1978 年、マンデラが 60 歳の誕生日を迎えたとき、1 万通を超える手紙が世界じゅうの政府や団体や個人から寄せられた。

　1981 年、グラスゴー市の名誉市民権がネルソン・マンデラに授与される頃には、カスラーダがまいた種は巨木に育っていた。グラスゴー市長は、市長共同宣言を提案した。すぐさま無条件でネルソン・マンデラと南アフリカのすべての政治犯を釈放するよう求める内容で、56 カ国から 2264 人の市長がこれに署名した。1988 年、マンデラの 70 歳の誕生日には、そうそうたる世界のトップミュージシャンがロンドンのウェンブリー・スタジアムに集まり、スペシャルバースデーコンサートを開いた。これらはすべて、ソーシャルメディアの登場以前に起こったことだ……。

　南アフリカでは、マンデラがここにいないことの意味が抗議集会やデモで問われた。公然とマンデラの釈放を求めるのは違法だったが、多くの人々がリスクを承知で声をあげた。マンデラの名前をきくたびに、闘争の参加者たちの間に興奮の渦が巻き起こった。参加者がおおいに自信を持ち、勇気を持てたのは、自分たちにはあの人がついている、多くの人々に、本物の指導者、高潔な精神の持ち主と考えられている人間がついていると思ったからだ。

われたネルソン・マンデラの写真
ライキは、政治犯にも可能な数少ない抵抗手段のひとつだった

マンデラは、司法大臣のクアビー・クツィアに手紙を書き、交渉について話し合いたいと伝えた。2度手紙を書いたが、返事はなかった。1986年のはじめ、イギリス連邦賢人会議のメンバーが訪れ、マンデラは彼らのアパルトヘイト政策に関する調査に協力した。このとき、クツィアは同席しており、マンデラが話し合いをはじめようともちかけたが、またしても返事はなかった。

マンデラは、政府が当時発令した非常事態宣言にいら立ちを感じていた。黒人居住区は混乱し、警察署も刑務所もたちまち新たな拘留者でいっぱいになった。マンデラは刑務所総監のW・H・ヴィレムセ将軍に手紙を書き、面談を求めた。数日後、彼は総監に会いに連れていかれた。面談は所内にある総監宅でおこなわれた。その際、マンデラがクツィアと話したいというと、総監はその場ですぐに電話をかけ、数分後に、マンデラを連れて市内にあるクツィアの公邸に向かった。マンデラはそこで3時間ほど話し合った。これが最初の非公式会談で、その後1年の間に回を重ねることとなる。クツィアは政府の委員会を立ち上げてマンデラとの交渉に臨む意向を伝えた。マンデラはそれを受け入れたが、これ以上自分ひとりでは進められないと感じた。刑務所にいる同志や、ANC書記長のタンボに相談しなければならない。それから、P・W・ブアタ大統領宛の覚書の草稿をつくるつもりだった。刑務所にいる仲間の指導者たちはあまりいい顔をせず、間もなくこっそり、心配していると書かれたタンボからのメモが持ってこられた。第1回の作業部会は、水面下で1988年5月におこなわれた。

写真：1980 年代半ば、反アパルトヘイト抗議行動によって南アフリカは実質的に統制不能の状態となった

　数カ月後、マンデラは病気になりティヘルベルフ病院に搬送され、結核と診断された。緊急手術後19日間入院し、コンスタンシアバーグ・クリニックに移された。ポールズムア重警備刑務所に近い病院だ。マンデラはそこで、3カ月と1週間の療養期間を過ごした。面会者のひとりにクツィアがいた。司法大臣は、政府としてマンデラをもっと快適な環境に移したいと申し出た。マンデラはポールズムアには戻らず、パール郊外のヴィクター・フェステア刑務所に収監された。ワインの生産地で、ケープタウンから50キロほど内陸に入ったあたりだ。マンデラは刑務所の房には入れられず、敷地内にある所長のプールつきの家で過ごすことになった。マンデラはそれを"金メッキの檻"と呼んだ。

数カ月後、マンデラは病気になりティヘルベルフ
病院に搬送され、結核と診断された。

翌日、クツィアは面会にきてマンデラにいった。ここを出るときは自由になるときだと。マンデラと政府の委員会との交渉は続いたが、いまやマンデラは刑務所内外の仲間とも連絡を取れるようになっていた。

1989年3月、マンデラはブアタ大統領への覚書で、南アフリカがまっぷたつに分かれ、敵対するふたつの勢力になってしまうのではないかという懸念を伝えた。そして丁重にではあるがはっきりと、政府が出してきた交渉の前提条件を拒否した。さらに、民主的な多数決の原理は絶対にゆずれないといい、政府が独裁的な方針をとるからこそ黒人居住区で暴力が起こっているのであり、ANCが武力闘争を放棄しないのが原因ではないといっている。ブアタは権力を失いかけていた。1月に軽い脳卒中を起こし、2月には国民党の党首を辞任した。しかし大統領の座にはとどまった。

7月、マンデラはブアタとの面談のため、国会の執務室に連れていかれた。対等な立場で話ができた。翌月、ブアタは辞任し、F・W・デクラークが大統領に就任した。交渉は急速に進展した。10月には、デクラークはウォルター・シスルらANCの指導者8名を釈放すると公表した。

左：ティヘルベルフ病院前での抗議活動
上：ヴィクター・フェステア刑務所前で取材を受ける、妻のウィニーとマンデラの家族

# 面会を終え、
# ヴィクター・フェステア刑務所から
# 出てきたマンデラの家族

1988年、ヴィクター・フェステア刑務所（ケープタウンの約60キロ北）にて。

「だれかが刑務所でマディバ（マンデラの愛称）と面会するらしいときいたとき、撮影のチャンスだと思いました。わたしたち反アパルトヘイト闘争を懸命に追いかけていたジャーナリストはひとつのグループを作っていました。そのうちのひとりが、マンデラ氏の弁護士でスポークスマンでもあるダラー・オマールか、その妻のファリダから電話連絡を受けると、わたしたちは出かけていって、刑務所の門の前で待つのです。もちろん、マディバを撮影することはできませんが、彼の家族はメディアの使い方をよく心得ていました……」

「このときは、珍しく親類が大人数で面会にきていました。左の写真にはダラー・オマール（薄手のレインコートを着ている人物）、ウィニー・マンデラ、そして14歳のマンドラ少年が写っています。刑務所の敷地に入る前に、ダラーか家族のだれかが報道陣のところへやってきて、面会の目的を説明してくれます。だいたい、家族や友人からの励ましの言葉を伝えにきたといわれましたが、報道陣は、彼らが政治的なメッセージも伝え合っていることを承知していました」

「面会はとても控えめでした。特別なことはなにもなく、ダラーがマンデラ家の人たちを、目立たないトヨタのマイカーに乗せてきます。ダラーはたいてい、妻のファリダが料理した、ちょっとした差し入れを持ってきていました。面会が終わると、ファリダが昼食を用意して待っているアスローンのオマール家に戻ることもありました」

——ベニー・グール（フォトジャーナリスト）

左：ヴィクター・フェステア刑務所でマンデラとの面会を終えた、マンデラ家の人々と弁護士

　12月に、マンデラはデクラークに宛てた手紙で、ANCと政府との間の交渉について書いている。ブアタ前大統領に伝えたことの繰り返しで、ANCは交渉の前提条件は一切受け入れないという内容だった。マンデラとデクラークは12月13日に初めて面談した。その面談後、マンデラはルサカの同志たちに、デクラークは前大統領とは違って話の通じる相手だと報告している。

　1989年2月2日、デクラークは大統領就任演説で、34の政治団体の活動禁止を解き、政治犯を釈放し、死刑執行を停止し、非常事態宣言によるさまざまな規制を解除することを宣言した。27年間投獄されていたマンデラは、釈放を1週間遅らせることを強く希望した。釈放の準備ができるようにという配慮からだった。

その面談後、マンデラはルサカの同志たちに、
デクラークは前大統領とは違って
話の通じる相手だと報告している。

左：マンデラとF・W・デクラーク
上：ヴィクター・フェステア刑務所の外でマンデラの釈放を待つジャーナリストたち

# 70歳の自由

　1988年7月、ランガ地区にある聖フランシス教会、ケープタウンにて。

　「とても大きな運動が起こりました。マディバの70歳の誕生日を利用して釈放を求める機運を盛り上げようと、世界中でイベントがおこなわれたのです。ロンドンでは大規模なコンサートがありましたが、南アフリカでも各地で多くの行事がありました」

　「西ケープ州のアフリカ民族会議女性同盟（ANCWL）は、ランガ黒人居住区の聖フランシス教会で誕生日パーティーを企画することにしました。これは勇気ある決断でした。解放闘争中、人々はそういった決断を日常的にしなければならなかったのです。非常事態宣言によって、警察は集会を解散させたり、人々を逮捕したり、ほぼやりたいようにできたのです。女性たちはケーキやビスケットを焼いてきて、温かい飲み物をふるまいました。本物の誕生日パーティーでした。風船が飾られ、みんなで『ハッピー・バースデー』を歌いました」

　「しかし、非常に張り詰めた空気がありました。このパーティーは違法集会とみなされるものだったわけですから。教会の外には大勢の警官がいました。彼らは教会に出入りしては、集会を解散させると脅していたのです」

　——ベニー・グール（フォトジャーナリスト）

左：西ケープ州のアフリカ民族会議女性同盟が、ランガの聖フランシス教会で誕生日パーティーを開いた

マンデラは 1990 年 2 月11日、自由に向かって歩いた。

# 第 6 章

# 平和的解決の世話役

グランド・パレードは、ケープタウンでもっとも古い広場で、隣には市庁舎とグッドホープ砦がある。最初の入植者たちはここに要塞を建設した。この広場で奴隷の公開むち打ちがおこなわれ、軍の訓練やパレードがおこなわれ、市民の祝祭——ヴィクトリア女王の誕生日から 1910 年の南アフリカ連邦誕生を祝うものまで——がおこなわれてきた。

　　ザ・パレードとして知られるこの広場は、昔から重要な青空市場でもあった。いつの時代もここであらゆるものが売られ、花、野菜や果物、魚介、衣料品、陶器、今日のフリーマーケットでみかけるこまごまとしたものまでなんでもあった。ここに、興奮した人々が、1990 年 2 月 11 日、ひと目でいいから釈放されたネルソン・マンデラをみようと集まっていた。数時間前にマンデラは、ヴィクター・フェステア刑務所から妻のウィニーと手をつないで出てきた。これは歴史的瞬間であり、まさに変化が訪れようとしている。だれもがはっきりと、そう感じていた。

　　何千というケープタウンの住人が刑務所から街へ続く沿道に並び、さらにおよそ 5 万人がザ・パレードに集まった。27 年待ち続け、彼が広場にあらわれるのを待つこと数時間、人々はいても立ってもいられない気持ちだった。イギリス国教会ケープタウン大主教のデズモンド・ツツは、大役を任されていた。集まった人々をなだめ、南アフリカの"放蕩息子の帰還"〔新約聖書のエピソードから〕を待たせておかなければならないのだ。さらにそんな雰囲気をあおるかのように、マンデラの車が 1 時間以上"行方不明"になった。ケープタウンに入ってから、マンデラは身の危険を感じて引き返すしかなかったのだ。マンデラがケープタウン南部の住宅地でお茶を飲んでいると、大主教からのメッセージが届いた。マンデラがすぐにあらわれなければ、ケープタウンで暴動が起こるかもしれないという。暗くなりはじめた頃、マンデラがやっと姿をあらわして演説をした。演説の原稿は慌ただしいなかで用意した。2 月 2 日のデクラーク大統領の宣言を知ってから、メガネを借りて書いた原稿だ。自分のメガネは興奮のあまり、どこかに置き忘れてしまったのだった。

　　「アマンドラ（我々に力を）！」マンデラは声を大にして、こぶしを突き上げた。「アマンドラ」群衆がそれに応えた。

　　「南アフリカのみなさん」マンデラは話しはじめた。「お会いできてうれしく思います。わたしは、万人のための平和と民主主義と自由の名のもとに、ここに参りました。わたしはいま、指導者としてではなく、謙虚な気持ちでみなさんに仕える者として、ここに立っています。みなさんがたゆみなく勇敢に命がけでがんばってくださったおかげで、わたしはきょうここにいられます。ですからわたしは、残りの人生をみなさんの手にゆだねます。釈放されたこの日、わたしは心の底から感謝いたします。何百万という南アフリカの人々、世界じゅうでわたしの釈放を求める運動を続けてくださった人々に。ケープタウンのみなさんには、特にお礼を申し上げたい。わたしはこの 30 年間、この街に暮らしてきました。みなさんが大勢で抗議デモをおこなったり、また別のかたちで闘ってくださったりしたことは、いつもすべての政治囚に力を与えてくれました」

　　それからマンデラは、アフリカ民族会議（ANC）とその指導者たちを称え、ウムコントウェシズウェ（MK）、南アフリカ共産党、統一民主戦線（UDF）に敬意を表した。白人コミュニティから生まれた反アパルトヘイト団体に謝意を述べるのも忘れなかった。南アフリカ全国学生連合や、白人女性グループのブラック・サッシュだ。労働者階級、宗教関係者、南アフリカの伝統的指導者、青年や女性、そして家族に、敬意を表した。
　　「この場をお借りして、わたしたちは世界のみなさんが反アパルトヘイト闘争に大きな貢献をし

「南アフリカのみなさん」マンデラは話しはじめた。
「みなさんにお会いできてうれしく思います。わたしは、
万人のための平和と民主主義と自由の名のもとに、ここに
参りました。わたしはいま、指導者としてではなく、
謙虚な気持ちでみなさんに仕える者として、ここに
立っています」──ネルソン・マンデラ

上：釈放当日、民衆を前に演説するマンデラ

てくださったことに、感謝いたします。みなさんの支援がなかったら、わたしたちの闘争はここまで進展しえなかったでしょう」マンデラはいった。「今日では、大多数の南アフリカ人が、黒人も白人も、アパルトヘイト政策に未来はないと考えています……」

「わたしたちの闘争は決定的な瞬間を迎えました。この瞬間を大切にし、民主主義への道を、迅速に滞りなく進んでいきましょう。これ以上待てません。いまこそあらゆる面での闘争を強化するときです」マンデラは、政府との対話をただひとつの目的のためにはじめたといった。その目的は、正式な交渉を促すことだ。「わたしたちの自由への行進が後退することはありません。恐れたり、ひるんだりしてはなりません。選挙人名簿に記載された有権者による普通選挙と、民主的で人種差別のない南アフリカの実現こそが、平和でさまざまな人種が共生する社会を実現する唯一の方法です……」

「この国の白人のみなさん、ともに新しい南アフリカをつくっていきましょう」マンデラはいった。「この解放運動はあなたがたにとっての政治的なよりどころでもあるのです」。そして演説の結びに1964年のリヴォニア裁判で述べたことを繰り返した。「わたしは白人の支配とも、黒人の支配とも闘ってきました。わたしが大切にしてきた理想は、民主的で自由な社会です。だれもがお互いを尊重しあい、平等な機会をもてる社会です。わたしはその理想のために生き、その理想を実現したいのです。しかし必要とあれば、その理想のために、わたしは死ぬ覚悟ができています」

マンデラは無条件で釈放されたが、南アフリカのアパルトヘイト政策が一夜にして変わったわけではない。政治犯は解放され、彼らの政治団体は違法ではなくなったが、街では非常事態が続いていた。いちばんの難所は越えたかもしれないが、闘争は民主主義を勝ち取るまで続いた。マンデラは自由になって初めてのその日の夜、大主教の公邸で眠った。

## ◆自由 第1日目

釈放された翌日、マンデラは初の記者会見を開いた。会場となったケープタウン大主教公邸、ビショップスコートの庭の向こうには、テーブル・マウンテンがそびえていた。マンデラは家族や親しい友人──ウォルターとアルバティーナのシスル夫妻もいっしょだった──と庭を歩き、写真撮影の機会を設けた。

それから、丁重かつ感じよく正式会見をはじめ、まず前日に報道関係者と話ができなかったことを詫びた。報道関係者が重要な役割を果たしたからこそ闘争を続けられたのであり「みなさんのおかげです」と、マンデラはいった。自分がこれからどんな役割を担うのかは、まだわからないと話し、自己を律して忠実にアフリカ民族会議（ANC）に仕える者として、できるだけ早くルサカに赴き、本部からの指示を仰ぎたいといった。彼がグランド・パレードで前夜に呼びかけた"平和と闘争の強化"は相反するものではないかときかれると、マンデラは自分もANCも国の状況が正常化すれば、平和に専心する考えだと答えた。

武力闘争はアパルトヘイト政策の暴力に対する防衛行為だった。南アフリカ人の普通選挙権が確立されていないのに、国際的な制裁の動きを停止するのは時期尚早だろう。「できるだけ早く、平和的な方法で問題を解決する機会を得たいと思います」と、マンデラはいった。そして、南アフリカの白人の恐怖を和らげようとした。彼らの恐れに理解を示し、ANCは白人が軽んじられることは民主的な南アフリカではあってはならないと考えていると説明した。報道陣はすっかり感心していた。マンデラは、一夜にしてみんなに慕われるおじいちゃんになっていた。

上　釈放翌日のマンデラと、妻のウィニー

# マディバ釈放後、初の記者会見

1990年2月12日、ケープタウン大主教公邸ビショップスコートにて。

「初めてマンデラ氏の写真を撮影したのは、釈放の翌日、場所はビショップスコートでした。後で知ったのですが、マンデラ氏は解放された日の夜をヨハネスブルグで過ごすつもりだったけれど、予定を変更したのだそうです。釈放されたのが思いのほか遅い時間だったからだとか。ビショップスコートでの記者会見は、思いがけないボーナスでした」

「大勢のメディアが集まっていたのは、当時の大主教、ツツ氏のケープタウンにある公邸でした。わたしたちはしばらくぶらぶらしていて、居合わせたカメラマンたちは写真撮影の機会を設けてほしいと要請していました。そのうち、警備員がわたしたちをチェックし、庭の一角に案内してくれました」「あのときの気持ちはなんともいい難いものでした。マディバが庭に出てきて、わたしはカメラを構え、彼に初めてピントを合わせたのです。わたしたちは、それまで長いこと彼を取り巻く出来事を撮影してきました。デモ、抗議活動、警察の残虐行為。マンデラ氏はみえない存在で、高い塀と有刺鉄線に囲まれていたのです。いま、その彼が目の前にいる、伝説の人がいるのです」

「マンデラ釈放委員会の人々が全員そろっており、彼の昔からの友人や仲間たちもいました。ウォルター・シスルと妻のアルバティーナ、マンデラ夫人のウィニー、そして大勢の子どもと孫」「あのときは考えもしませんでしたが、それは記念すべき最初の数枚だったのです。その後わたしはマンデラ氏の写真を何万枚も撮影する機会に恵まれるのですが……」

——ベニー・グール（フォトジャーナリスト）

◆正式な交渉の開始

　マンデラ釈放後の数カ月間は、惨憺たる状況だった。暴力が繰り返され、黒人居住区や地方で活動する政治団体の対立が絶えなかったのだ。破壊行為をした者が明らかに特定の団体および思想、またはそのどちらかに結びつけられる事件もあったが、だれがやったのか、目的がなんなのかがはっきりしない事件もあった。国内のメディアはそれを“黒人同士の暴力”と呼んだが、国家の治安部隊が状況を煽（あお）っているというのが大方の見方だった。

　南アフリカ人種関係研究所（SAIRR、1996年3月の速報）の統計によると、政治的暴力事件の死亡者数は1988年に1149人だったのが、1989年には1403人になり、1990年には3699人になったという。1990年5月4日、政府とアフリカ民族会議（ANC）は初めて公式な会談をもった。これはケープタウン郊外、ロンデボッシュにある大統領公邸、フルーテ・スキールでおこなわれた。歴史的なフルーテ・スキール文書で、双方は平和的に交渉を進めることを約束した。この文書のいちばんの成果は、“作業部会”の設置で合意したことだ。作業部会は、政治犯罪や政治犯の釈放、刑事免責の付与をどう定義するかを提案し、5月21日を目標にその任務を終えることが決められた。

また、過去の政治犯罪についての仮の刑事免責が緊急に検討された。ANCの中央執行委員会のメンバーや、それ以外の組織で亡命中の重要人物が南アフリカに帰国できれば、政治のスムーズな進行にも、暴力を終決させることにも協力できる。政府は次のように約束した。「既存の治安法を見直して、南アフリカの激変しつつある状況に適合させ、正常かつ自由な政治活動を保証する」。双方は、効率的なコミュニケーションの場を設けることで合意し、暴力や威嚇がみられればどこでも協力し合って阻止することができるようにした。

## 歴史的なフルーテ・スキール文書で、双方は平和的に交渉を進めることを約束した。

写真：マンデラとデクラークが、フルーテ・スキール会談を主導した

# 亡命者の帰還

1990年4月、D・F・マラン空港到着ロビー、ケープタウンにて。

「マディバの釈放後間もなく、彼がまだケープタウンにいるときに、わたしたちは連絡を受けました。マディバが空港に出向き、アフリカ民族会議（ANC）とウムコントウェシズウェ（MK）の重要な指導者数名を亡命先から迎えるというのです」「帰国者のなかで特に有名なのはジョー・スローヴォ（MK司令官、南アフリカ共産党書記長）と、アルフレッド・ンゾ（ANC書記長）でした」*

「親友同士の再会でした。それに何十年も会えずにいたのです。その場の空気がビリビリとふるえていました。昔から反アパルトヘイトを主張していた聖職者、ベイヤーズ・ナウデ師がいました。警察官も大勢いましたが、たいして警戒している様子はありませんでした。時代は変わりつつあったのです。だれもが、その歴史に残る人間らしい瞬間の感動に浸っていました」「勝利を喜ぶムードが写真にもあらわれています。『やった！』というムードです。勝利をつかんだ、という」

——ベニー・グール（フォトジャーナリスト）

\*スローヴォとンゾは、1994年の選挙後にマンデラ政権の閣僚となった。

左頁上：アルフレッド・ンゾを迎えるマンデラ。ケープタウン空港にて
左頁左下：ともに反アパルトヘイトを主張した聖職者、ベイヤーズ・ナウデ師
左頁右下：マンデラと、当時の統一民主戦線の指導者、トレヴァー・マニュエル

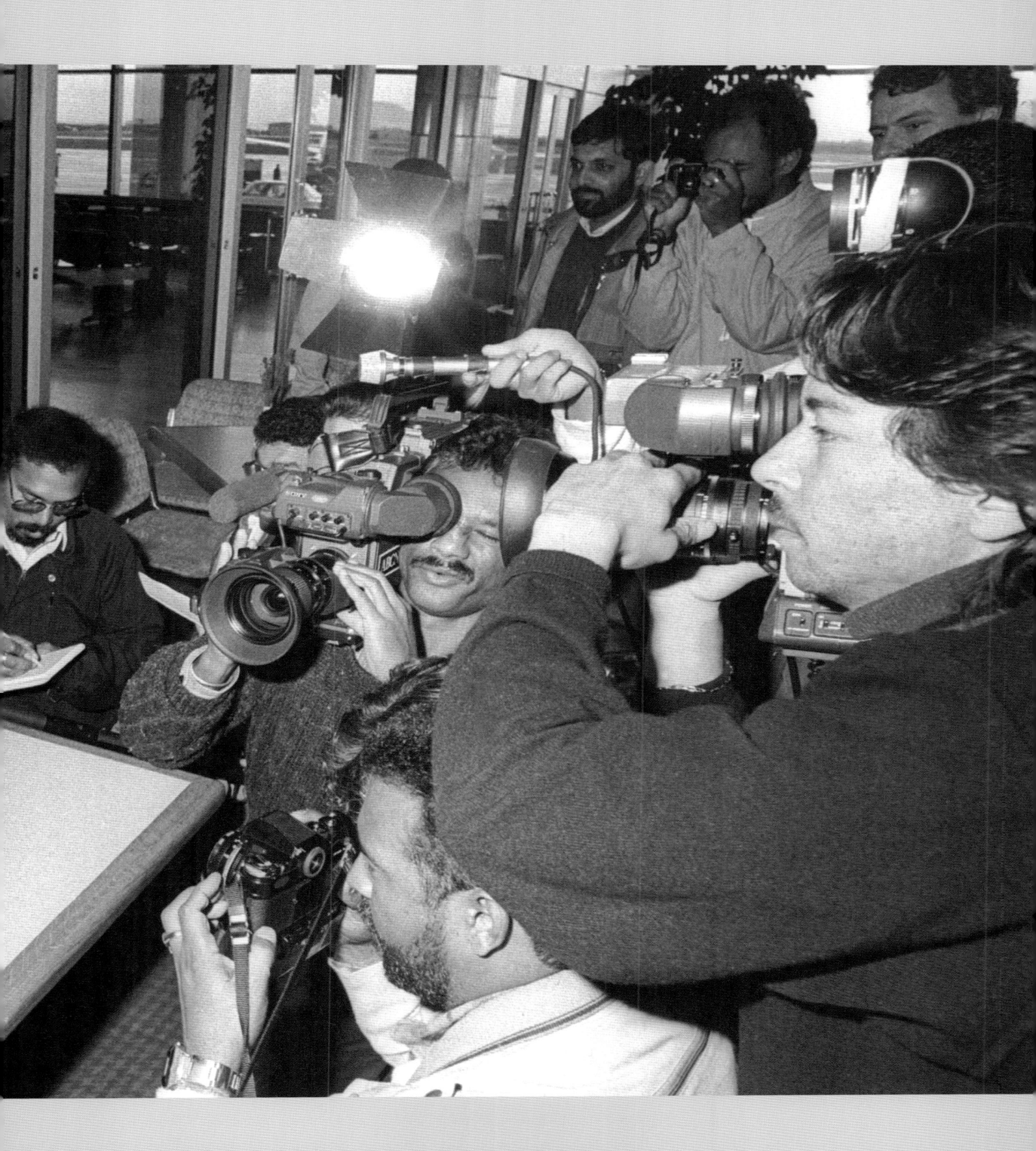

写真：記者会見の様子。亡命先から帰国したレジー・セプテンバー（左）につき添われて

マンデラにとっては、長い道のりはまだまだ終わってはいなかった。釈放後何カ月かの間に、マンデラは膨大な時間を費やして国内を回り、人々とのつながりを再確認している。エネルギーが尽きない様子で、休むのは次の会合に向かう飛行機のなかだけだった。会合はどれも非常にハードだった。マンデラは政治的指導者や経済界の指導者、そして空き時間をあてることのできた相手なら国内外を問わずだれとでも会った。いく先々で世界中の人々に、南アフリカはよい方向に進んでいると伝え、反アパルトヘイト闘争への支持に感謝した。1990年6月、彼はニューヨークに渡り、国連反アパルトヘイト特別委員会の特別会議で演説をした。マンデラは、国連がアパルトヘイトという反人道的な制度を終わらせるために果たした役割に感謝した。しかし不幸にも、その制度はまだなくなってはいなかった。

「それは永遠に消えることのない痕跡として、人類の歴史に残るでしょう。アパルトヘイトという犯罪は起こってしまったのです。後世の人たちは、きっと疑問に思うでしょう。『なにをどう間違って、こんな制度が〔1948年の〕世界人権宣言が採択された後にできたのだろう?』と。そして、良識あるすべての人々は永遠に非難し抗議の声をあげることでしょう。なぜこれほど長い間、全員が立ち上がってもうたくさんだと声をあげなかったのか、後世の人たちは必ず疑問に思うでしょう。『なにをどう間違って、こんな制度があのニュルンベルク裁判〔第二次世界大戦中の、ナチス・ドイツの指導者たちの責任を追及した国際軍事裁判〕の後にできたのだろう?』と……」

「ANCの主導で、ある動きがはじまっています。うまくいけば、公正な政治的解決をわたしたちの国にもたらすでしょう。ご存じのようにケープタウンで先月のはじめにおこなわれた会談で、わたしたちは南アフリカ政府との間で、交渉の妨げとなるものを取り除くことで合意しました。これはあの宣言(1989年12月、南アフリカにおけるアパルトヘイトとそれが引き起こした惨状に関する国連宣言)に盛り込まれていた内容です。その合意を、いま実行に移しはじめたところです。しかし、ここにお集まりのみなさんもご存じの通り、まだまだ問題は山積みです。交渉を進める環境が整ったといえるまでにはまだ時間がかかるでしょう」

### ◆武力闘争の終焉

1990年8月、アフリカ民族会議(ANC)は武力闘争を一時停止すると発表した。これは戦略的な決定だった。倫理的に優位な立場に立ち、解決に向けた交渉に拍車をかけようとしたのだ。武力闘争を放棄するのではなく、一時停止して、必要であればいつでも再開できる体制は崩さなかった。

ANCと政府との間で新たな話し合いが8月6日におこなわれ、"プレトリア文書"が作成された。その第3条には次のように書かれていた。「可能な限り迅速に交渉による平和な政治的解決を目指すため、またこれまでに合意に達した内容に鑑みて、ANCはここにすべての武力行為をただちに一時停止することを宣言する。この宣言をもって、ANCとその軍事部門であるウムコントウェシズウェ(MK)は、今後、武力行為とそれに類する行為を一切停止する」。ANCと政府は、さらに一歩踏みこんで、政治犯の釈放と亡命者の帰国について合意に達した。

暴力によって国が荒廃する一方で、和解と希望の気運が根づきはじめていた。それは社会のあらゆる部分に浸透していった。その間に、交渉についての対話は、主にANCと政府との間で続けられ、次第にインカタ自由党(IFP)との交渉もおこなわれるようになった。インカタ自由党は当時でもまだANC党員や支持者に対する血なまぐさい制裁を続け、クワズールー・ナタール州や、ヨハネスブルグ周辺の鉱山宿泊所を襲撃していた。

### ◆アパルトヘイト政策の崩壊がはじまる

　黒だろうと、ピンクだろうと、グリーンだろうと、褐色だろうと、圧倒的多数の南アフリカ人がキリスト教徒だった。しかし彼らは必ずしも手を取り合っていたわけではない。アパルトヘイト時代には、別々の教会に通っていた。同じ宗派の教会でさえ、人種によって分けられていたのだ。教会は闘争のいずれの側でも極めて重要な役割を果たした。

　オランダ改革派教会が"神の"お墨つきをアパルトヘイト政策に与えたのに対し、国内では南アフリカ教会協議会が、国外では世界教会協議会が、会員を結束させてアパルトヘイト政策を糾弾した。1990年11月、40の宗教団体がラステンバーグで会議をひらいた。ラステンバーグはヨハネスブルグの西のプラチナ鉱山地帯にある。その会議で、オランダ改革派教会はみずから罪を認め、差別を容認し、差別に加担したことを告白した。

2カ月後の新年のはじまりに、人種別に分けられていた学校がすべての児童を受け入れはじめた。黒人児童は（全2000校以上のうち）205の学校に入学を許可された。これらの学校は、以前は白人専用だった。

　2月の国会開会演説で、デクラーク大統領はある法案を審議すると宣言していた。可決されれば、南アフリカの法令集に記載されている非常に差別的な法律を撤回することになる。1913年の原住民土地法、1950年の人口登録法、1966年の集団地域法、1984年の黒人居住区開発法などがそれに該当する。6〜7月にかけては、さまざまな出来事が起こった。ノルウェーがプレトリアに大使館を開設すると発表し、ケニアが南アフリカとのスポーツ交流禁止を解除、南アフリカは核拡散防止条約に調印し、フィンランドとアメリカが南アフリカに対する貿易制裁を解除し、エジプト航空が初のヨハネスブルグ便を就航させた。そして、アフリカ民族会議（ANC）の全国大会が国内で30年ぶりにおこなわれ、マンデラは党首に、ウォルター・シスルは副党首に選ばれた。病気療養中の前党首、オリヴァー・タンボには、全国委員長という形式的なポストが用意された。

左：カトリックの大司教、ローレンス・ヘンリーによる聖体拝領式
上：マンデラと聖職者、ケープタウンにて

# ツツとマンデラ

　デズモンド・ツツとマンデラの家はソウェトの同じ通りに面しており、文字通り、石を投げれば当たるほど近所だったが、ふたりが同時期にそこで暮らしたことはなかった。また、ツツもマンデラも同じ人権闘争にかかわっていたが、ふたりはお互いのことを知らなかった——少なくとも面識はなかった。

　13歳年下の後輩は、青年時代にある式典に出席し、この先輩の演説をきいたことを覚えていた。しかし、彼は大勢のなかのひとりだったし、先輩に紹介されることもなかった。マンデラが獄中にあるときに、ふたりは何度か手紙を交わしている。1984年、マンデラは、デズモンド・ツツ大主教にノーベル平和賞受賞の祝辞を送ろうとしたが、刑務所の上層部はその手紙を送ることを許さなかった。ふたりが初めて顔を合わせたのはグランド・パレードで、1990年2月11日のことだった。ふたりはその後も新しい南アフリカの心と魂を代弁し続け、固いきずなで結ばれた親友となった。

　ツツについての映画のインタビューで、マンデラは次のように述べている。ツツが反アパルトヘイト闘争時代に権力者に対して投げかけた言葉は「刑務所の厚い壁を貫いて届き」、国中の政治犯に希望をもたらした。マンデラはツツを信頼し、南アフリカの真実和解委員会の主導役を任せた。分断された過去と向き合いはじめるために必要な、南アフリカで唯一の、重要な政治的手段だった。マンデラの同志のなかには、批判的な者もいた。ツツが、アフリカ民族会議（ANC）のメンバーだったことはなかったからだ。しかし、その映画のインタビューをのちに受けたとき、マンデラは、ツツをおいてほかに委員会の長として適任者はいなかったといっている。また、ANCがのちに委員会の出した調査結果の一部に異議を唱えたとき、マンデラは党の意向を退け、委員会の報告を承認した。大主教が誠実であると信じていたからだ、とマンデラはいっている。

　マンデラとツツは陽気な、ときにはいたずらっぽい関係を公の場でみせることがあった。あるとき、ツツがたずねた。マンデラは派手なシャツを落ち着いた色合いのスーツに合わせているが、これは彼ほどの大物政治家としていかがなものか。するとマンデラはこう答えた。「つつしんでご批判をお受けするが、そうおっしゃるあなたがお召しのパープルのガウンもなかなかのものですよ」。のちにツツは、マンデラにグラサ・マシェル夫人との結婚を熱心に勧めている。モザンビーク初の、民主的選挙で選ばれたサモラ・マシェル大統領の未亡人だ。（マンデラは妻のウィニーと1996年3月に離婚した。1992年からの別居の末の決断だった。一方、マシェル大統領は原因不明の飛行機事故により南アフリカとモザンビークの国境で1986年に死亡した。南アフリカ治安部隊が飛行機事故に関与したかどうかは不明だ）。

　2012年、マシェル夫人が西ケープ大学で講義をはじめる前に、ツツは夫人の紹介をした。夫人とマンデラが"罪深い共同生活"をしていた頃の話をしたのだ。満員の講義室に爆笑の渦が巻き起こった。あるとき、ツツはマシェル夫人がマディバの襟についた小さなごみくずを取るのを目撃した。その様子ときたら、ふたりが相手にすっかりほれこんでいるのが明らかだった。ツツはふたりに、このままではまずいからなんとかするように助言した。ふたりは正式に夫婦となり、結婚式は、マンデラの80歳の誕生日にツツがとりおこなった。1998年のことだった。

1991 年 9 月、主だった政治団体のすべてが国家平和協定に調印した。調印式はヨハネスブルグの
カールトン・ホテルでおこなわれた。

交渉の新たな段階を控え、この協定は調印した団体に政治的暴力を終わらせるという共通の目的
を示し、その目的を達成するための方法、手順、方策を提示するためのものだった。そして全国的、
地方的な和平法案と地域の紛争解決戦略と作戦を組み合わせて、暴力を全面的に抑えようとしたの
だ。

民主南アフリカ会議（CODESA）の第 1 回全体会議が 1991 年 12 月に、ヨハネスブルグ国際空港
の近くではじまった。CODESA の "趣旨宣言" には 19 の政治団体の代表、228 人が署名した。国
連、アフリカ統一機構、非同盟運動〔東西冷戦期に、どちらにも加盟せず、中立を守って平和を実
現しようという運動〕といった組織の人々、イギリス連邦、欧州共同体はこの会議のオブザーバー
として参加した。5 つの作業部会の構成員が選出され、それぞれが重点的に取り組む課題が決めら
れた。新憲法の作成、暫定政権の樹立、ホームランドの今後、改革の実施期間、選挙制度の 5 つだ。

デクラーク大統領が第 1 回全体会議の最後を締めくくることになっていたが、そのスピーチはマ
ンデラへの猛烈な批判となった。「南アフリカの国民すべての視線が、きょうここに集まった我々に
注がれています。すべての国民——男性も、女性も、子どもも、富める者も貧しき者も、学識のあ
る者も無学な者も含め——の将来は間違いなく、我々が成功するか失敗するかにかかっています」
と、大統領は話しはじめた。「世界中が、変革は進み、逆戻りはできないことは承知しており、アパ
ルトヘイト政策の柱は明らかに取り払われています。世界のあちこちで、我が国への扉は開かれま
した」「強情な者、悪意ある者、そして革命家たちは我々が失敗すればいいと考えています。大多数
の人々は静かに、我々の成功を祈っています」「我々の最終的な目標は、新しい、公平で公正な話し
合いによってつくられた完全に民主的な憲法——優れた、安定した政府を保証し、権力の乱用や独
占を防ぎ、生活のどの領域においても公平に参加する権利をすべての人に保証する憲法——を制定
することです」デクラーク大統領はいった。「我々にはすぐにでも交渉をはじめ、共和国の憲法を改
正し、民主主義ベースの暫定的な連立政権モデルをつくる準備ができています」

デクラークはそれからアフリカ民族会議（ANC）を厳しく非難し、マンデラを怒らせた。政府の
見解は、交渉が遅々として進まない最大の理由は ANC が武力闘争をやめなかったことであり、武
力闘争の放棄こそ ANC が「ほかの政党や政治運動家と同じテーブルにつく条件なのです」と述べ
た。そのうえで、「平和協定には、いかなる政党も武力をもってはならないという条項があるのです
から、武力闘争をやめない ANC が交渉に加わること自体、疑問なのです。なぜなら交渉は本来、
"政党" が集まっておこなうものだからです」と、デクラークはいった。

「平和的交渉による解決を確約するといいながら、同時に武力闘争を続ける組織を心から信頼す
ることはできません」デクラークは、その日最後の演説をしたつもりだったが、憤慨したマンデラ
はその場で反論する機会を求めた。マンデラは、デクラークが事実を曲解して、我々に脅しをかけ
ていると批判した。前日の夜の話し合いで、デクラークは ANC に批判的なことはまったくいわな
かった。国民党（デクラークの所属政党）はしきりに全体会議の閉会スピーチをしたがっていたが、
いまのデクラークの言葉でその理由がはっきりした。マンデラはデクラークの発言に重大な懸念を
表明し、大統領の言葉は「不誠実だ」といった。「いくら非合法的で信頼を喪失した少数派政権で
も——デクラーク政権がそうですが——、そのトップに立つ人間は最低限のモラルは守るもので

す。デクラーク氏に弁解の余地はありません。彼は、地に落ちた政権の代表者であり、モラルを欠いた人物なのですから……」デクラークが演説でいわなかったことがある。それは、ANC こそ閉ざされていた政府の扉を打ち破り、平和的解決を主導したということだ。「我々は武力闘争を停止しました。これは難しい決断でした。なぜなら、実際、わが民族は殺され続け、政府が暴力を終わらせるだけの力をもっているにもかかわらず、罪のない人々が虐殺されるのを傍観している状況だからです」

「わたしは彼（デクラーク）にこういいました。『政府には強力で十分な装備をもった警察部隊と治安維持軍があるのに、なぜその力を使ってこの暴力行為をやめさせないんです？』そして、南アフリカの黒人は、この暴力を率先しておこなっているのが治安維持軍の部隊だと思っていることを指摘しました」。平和協定に署名する前にも、デクラークは同じような発言をすると脅したことがあった。マンデラは、そのときデクラークにこう返事をしたという。「我々に自殺しろというのですか。政府には暴力を阻止するつもりがないのですし、黒人はみんな、黒人が治安維持軍の部隊に殺されていると認識しているんですよ。だから武装して自分たちを守るべきだと考えているんです。そんな状況で、無実の人々を殺しているにちがいない相手に武器を引き渡す政治団体がありますか」

マンデラは続けた。「デクラーク氏が政府のトップとしての義務を果たすと約束し、暴力を終わらせ、政府の治安維持軍を抑え、この国から殺し屋集団をはじめ、無実の人々を殺している軍隊を一掃すると約束しない限り、我々に対して『政府に武器を引き渡して共同管理しよう』などという資格はありません。彼がこうして表裏のある駆け引きを続ける限り、はっきりいっておきますが、我々がこの件に関して政府に協力することはありません」マンデラは強い口調で断言した。交渉は出だしでつまずいた。

上：民主南アフリカ会議の交渉を重ねるうちに、デクラークとマンデラの関係にいくつもの亀裂が生じた

## ◆国家的暴力の疑惑によって難航する対話

　デクラークはその一方で、白人有権者による国民投票で交渉継続の是非を問うた。1992年3月、少数派による支配を終わらせるための交渉を続けるほうに投票した人は、68.7%、打ち切るほうに投票した人は31.3%だった。

　南アフリカの人権委員会（HRC）がのちに述べているように、国内での暴力事件は1992年3月にかつてないほど激しくなっており、死者437名、負傷者898名にのぼった。民主南アフリカ会議2（CODESA 2）として知られるようになった第2回目の全体会議は3月に予定されていたが、延期された。引き続き政府とアフリカ民族会議（ANC）との間に武力闘争や公共放送について見解の相違があったためだ。CODESA 2では、第1回全体会議で次回に持ち越された議題が話し合われることになっていた。しかし作業部会のうち、暫定政権のモデルと新憲法の草案を提案する部会の意見がまとまらなかった。

　CODESAの話し合いでは、アパルトヘイト政策を平和的に廃止に導くロードマップを示すことはできなかったが、そこで話し合われたことはのちの最終交渉において非常に重要なものとなった。大多数の南アフリカ人にとって、状況はすでに大きく変化していた。ANCが次期政府となることはもはや"可能"ではなく、必然だった。マンデラが民主的に選ばれた初代の大統領になることは明らかだった。国じゅうを悩ませていた暴力事件は激化する一方で、6月にはアムネスティ・インターナショナルが「恐るべき状態」と題した報告書を発行し、南アフリカ軍が暴力に関与していると非難し、政府が犯人の責任を追及しなかったのは「控えめにいっても重大な過失」だとした。

　その1週間後、武装集団が近くのホステルから攻撃して46人を殺害、それを上回る負傷者を出した。この事件は、ボイパトン虐殺として知られるようになる。ANCによると、警察が複数の武装集団に同行しているところが周辺地域で目撃されていた。「その週4度目のANCメンバーの大量殺害だった」と、マンデラは自伝『自由への長い道』に書いている。「国じゅうの人々が暴力におびえ、政府が共謀していると非難しました。警察はそれを防ぐ努力はなにもせず、犯人の追跡もせず、だれも逮捕させず、まったく捜査しませんでした。デクラーク氏は黙していました。こちらは我慢の限界でしたが、その限界を超えてしまいました。政府は交渉を妨害すると同時に、ひそかに我々に戦争をしかけていたのです」

　ANCは政府との対話をすべて停止すると宣言した。8月、何百万もの南アフリカ人労働者がANCの呼びかけに応じて全国でストライキをおこない、暫定政権の設立を求め、国家が支援する暴力に抗議した。マンデラは5万人の支持者の先頭に立ち、プレトリアのユニオンビルで政府に申立書を提出した。そのときの演説で、マンデラはANCがそのユニオンビルに南アフリカ初の民主的に選ばれた政府として戻ってくることを約束した。

　8月のうちに、ANCと南アフリカ政府の代表団の間で会議が開かれた。マンデラ側とデクラーク大統領側は"和解の記録"に記された内容で合意に達した。これが交渉再開の基礎となった。

　しかし9月に入るとまたしても虐殺が、今度はシスカイ〔1981年に名目的な"独立"を与えられたバントゥー・ホームランドまたはホームランドと呼ばれる黒人の独立国家のひとつ〕の首都、ビショで起こった。シスカイの治安維持軍がANCのデモ行進に向かって発砲し、29人の死者が出た。9月のうちに、マンデラは共通認識を求めてデクラークと会った。南アフリカ人が待ち望んだ突破

口だった。ふたりは"和解の記録"に署名し、CODESA 2での膠着状態は解消された。双方は、合憲的にメンバーを選出した単一の議会を発足させることで合意した。その議会が新憲法を制定し、暫定的な議会として、新たに民主的に選ばれた政府ができるまでのつなぎとなる。

　　対話が再開された。

上：中央がマンデラ。F・W・デクラーク大統領（左）、マンゴスツ・ブテレジ首長との交渉で

上：交渉の進捗状況についての記者会見

# 行き詰まりを打開した男

　ジョー・スローヴォは 1926 年、リトアニアに生まれた。家族とともに 8 歳のときに南アフリカに移住し、父親はヨハネスブルグでトラック運転手の仕事に就いた。

　スローヴォは 8 年生を 15 歳で修了した後、事務の仕事に就き労働組合に加入、その翌年、南アフリカ共産党の党員になった（のちに法律の学位を取得するために大学に入学し、さらにのちにはロンドン・スクール・オブ・エコノミクスで法学修士号を取得した）。

　1949 年、スローヴォはルース・ファーストと結婚した。彼女は、当時の共産党の会計担当の娘だった。1954 年、スローヴォ夫妻はともに共産主義弾圧法下で共産党員としてブラックリストにのっていた。スローヴォは民主主義者会議の創設メンバーでもあった。これは、アフリカ民族会議（ANC）の姉妹団体で、構成員は白人だった。彼は 1956 年の反逆罪裁判の被告のひとりで、1961 年にはウムコントウェシズウェ（MK）の隊員になっている。MK では隊長を務めた。スローヴォとファーストは、1963 年に亡命した。ファーストは小包爆弾の爆発により死亡。1982 年、モザンビークでのことだった。スローヴォは南アフリカ共産党の書記長を務めている間の 1990 年に、帰国要請を受けて交渉開始に向けた対話に加わった。

　スローヴォは指導的な共産主義者であり、ANC の武装部門、MK の主要な兵士であり、反アパルトヘイト運動をけん引する理論家であり、ANC 中央執行委員会のメンバーであり、しかもユダヤ系だった。これだけ条件がそろっていれば、南アフリカの多くの白人に嫌悪され、恐れられ、国民党政府やその治安体制側に目をつけられて当然だった。彼らにとって、スローヴォは何重もの意味で裏切り者だった。

　しかしスローヴォこそ、1992 年 10 月に、現実的で実際的な権力移譲の仕組みを考え、国民党が進んで受け入れられるように仕向けた人物だった。論文を発表し、いわゆる"サンセット条項"つきの国民統一政府の設立を提案したのだ。これは暫定政府が一定期間国を統治した後、多数派党に権力を移譲するというものだった。アパルトヘイト時代の治安維持軍や南アフリカの肥大化した官僚制度のメンバーの不安を緩和するために、スローヴォはさらに治安維持関係者への恩赦と、公務員の契約の維持を提案している。

　これを受けて ANC と政府との間に秘密会談がもたれ、1993 年 2 月、双方は原則的合意に達したことを発表、5 年間という期限つきで国民統一政府を立ち上げることになった。この政府は多党内閣であり、暫定執行評議会が設立される。そのための選挙はその年の年末までに行われることとなった。スローヴォの提案が最後の一撃となり、アパルトヘイト政策は砕け散った。

左：マンデラ、アルフレッド・ンゾ（左）、ジョー・スローヴォとともに

10 カ月の間、正式な進展はなかったが、26 の政治団体の代表が計画会議を開き、4 月に新たに複数政党による話し合いをすることで合意した。

　しかし、再び希望がみえはじめたとたんに、南アフリカ共産党書記長のクリス・ハーニがボクスバーグの自宅前で暗殺された。警察はすぐにヤヌス・ワルスというポーランド移民を逮捕した。ワルスはネオナチの組織、アフリカーナー 抵 抗 運 動 のメンバーだといわれていた。後日、警察は保守党の政治家、クライヴ・ダービー－ルイスも逮捕した。

　この殺人事件の背景には、計画会議を頓挫させようという意図があった──そして頓挫するところだった。ハーニはカリスマ指導者で、ヒーローで、若い魅力にあふれていた。彼の暗殺によってすぐさま激しい怒りが燃え広がり、あやうく大惨事になるところだった。マンデラは国民に語りかけた。南アフリカの公共放送局（SABC）によるその晩の放送が、南アフリカを崖っぷちで引きとめたのだ。マンデラは黒人の怒りをなだめると同時に、白人の恐れへの対処も忘らなかった。このような経験を重ねるうちに、建国の父、全国民の父が形成されていったのだ。

左：クリス・ハーニ暗殺への怒りによって、交渉は頓挫の危機に瀕した
上：クリス・ハーニ

　「今夜、南アフリカ国民ひとりひとりに——黒人にも白人にも——心を込めてお話しします。ある白人男性が、偏見と嫌悪に満ちた心で我々の国にやってきて、非常に卑劣な行為を犯しました。そのため、いまこの国は、一歩間違えば最悪の事態に陥る崖っぷちの状況にあります。アフリカーナー系の白人女性が、命の危険をかえりみず我々に知らせ、この暗殺者に法の裁きを受けさせてくれました」数日後、ハーニの葬儀でのスピーチで、マンデラはアパルトヘイト政府に通告した。そろそろ退陣するべきときだと。「いま黒人の命に価値はありません。アパルトヘイト政策が存続する限り、それは変わらないでしょう。選択を誤ってはなりません。すでに多くのことが変わり、交渉ははじまっています。しかし、この国の大多数の黒人にとって、いまもアパルトヘイトは失われずに存在しているのです」

　「毎年何千人もの黒人が結核で亡くなっています。黒人の子どもたちはいまだに蓋のない下水溝のなかで遊び、予防可能な病気で死んでいきます。教育を受けることはいまでも特別なことです。黒人の家はずっとトタン小屋のままで、過密状態の黒人居住区にあります。そして、南アフリカの黒人はだれひとり選挙権をもっていません。彼ら（政府）が平和の話をするときは、我々が野蛮であるかのような口ぶりです。彼らは我々を、戦闘的な若者、愚かな過激派として描きます……」

　「我々は平和を望んでいますが、野蛮ではありません。我々はみな、戦闘的です。我々はみな、過激です。それこそが、アフリカ民族会議（ANC）の本質です。なぜなら ANC は解放運動をしているのであり、国民全員の自由のために闘っているのですから。我々が絶え間なく——刑務所でも、大衆デモや武力闘争というかたちでも——、闘争をしてきたからこそ、現政権が交渉のテーブルについたのです。そして、その交渉自体が闘争の場なのです」マンデラはいった。「武力闘争か交渉か、ふたつにひとつという問題ではありません。武力闘争が交渉を実現させたのです。交渉がはじまれば、政府は権力を手放さざるを得なくなる、だからこそ、暗殺という卑劣な手段に訴える輩が出てくるのです。いまの政府に正統性はなく、国民の代表でもありません。腐敗した政府は国を統治するのにふさわしくありません。我々はただちに、暫定執行評議会を設立し、自由公正な選挙をできるだけ早くおこなうことを目指します」

　1993 年 6 月 3 日、数カ月にわたる交渉の結果、複数政党によるフォーラムで、南アフリカ初の人種差別のない総選挙の日程が 1994 年 4 月 27 日に決められた。

「選択を誤ってはなりません。すでに多くのことが変わり、交渉ははじまっています。しかし、この国の大多数の黒人にとって、いまもアパルトヘイトは失われずに存在しているのです」

——ネルソン・マンデラ

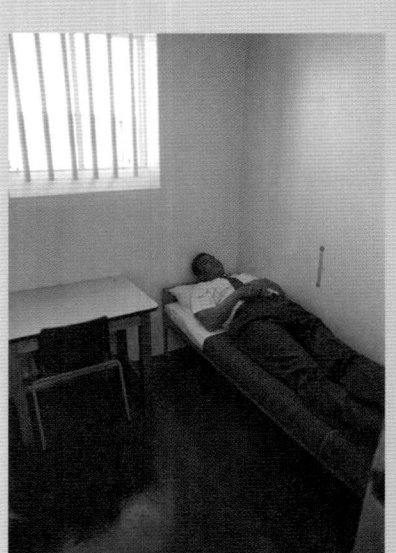

# モハメド・アリ
# ロベン島を訪問

1993 年 4 月、ロベン島、ネルソン・マンデラの独房にて。

「モハメド・アリが南アフリカを 1993 年に訪れました。クリス・ハーニが亡くなって間もなくのことです。彼はヨハネスブルグのマンデラを訪ね、ハーニの葬儀に出席した後、ケープタウンに向かいました」

「彼はマディバの独房をみたいといい、ロベン島に向かいました。わたしは電話で誘われたので、数名のグループに同行し、だれかのヨットに乗って島に渡りました。心臓外科のクリス・バーナード、アリの公認伝記作家で写真家のハワード・ビンガムもいっしょでした。だれのヨットだったかはわかりません」「港から出るか出ないかのうちに、アリが舵を取りたいといい、港に着くまではほぼずっと操縦していきました」「アリは、マディバのベッドで寝られるかどうか試してみたいといっていました。いろいろな姿勢を試していました。アリは大男で、マディバもそうでした」

「それからアリは、独房のドアのところで撮影用にポーズを取りました。怒っているかのように、うなりをあげていました」

——ベニー・グール（フォトジャーナリスト）

「いまでも信じられない。人生の 25 年も奪われて刑務所から出てきて、自分を投獄した奴らを許せるなんて」——モハメド・アリのブログより（2013 年ハフィントン・ポスト）

## ◆ノーベル平和賞

　1993年も終わりに近づいた頃、マンデラとデクラークはオスロに赴き、ともにノーベル平和賞を受賞した。12月10日のことだった。

　ふたりは気持ちよく出発した。11月に、他政党の交渉担当者たちが暫定憲法を承認したところだったのだ。新内閣には得票率5％以上のすべての政党の代表が加わり、合意による決定をおこなうことになっていた。暫定執行評議会は事実上12月22日から選挙までの間、国政を引き継ぐことになった。ノーベル委員会は、賞の授与に少々のリスクを負っていた。南アフリカではまだ民主主義が実現しておらず、政治的暴力が国じゅうにはびこり、国の治安維持軍とアパルトヘイト維持派との共謀が広く非難されていたからだ。

　デクラークに平和賞を授与するのは不適切だと考える者もいた。彼がアパルトヘイト政権最後の指導者だったからだ。受賞者発表の前夜、委員会はツツ大主教——いちばん最近、平和賞を受賞した南アフリカ人——に電話をかけ、意見をきいた。ふたりの受賞は、希望を広く行き渡らせたことを評価してのものだった。結局のところ、マンデラとデクラークの受賞は非常に意義深く、象徴的な、人種融和の瞬間であり、南アフリカが移行期にあることを示すものだった。

## ◆成果の評価基準は子どもたちの幸福と安心

　ノーベル賞受賞スピーチは「荒っぽく、転んでばかりの」祖国での選挙キャンペーンとは大違いの好機となり、世界にマンデラの思い描く新生南アフリカについて知らせることができた。「わたしは……きょうここに、みなさんを代表してきています。何百万という世界の人々の代表として、反アパルトヘイト運動の代表として、わたしたちに協力してくださった各国の政府や団体の代表として。わたしがここにきたのは、南アフリカという国やその国民と闘うためではなく、非人間的な制度に反対し、人類に対するアパルトヘイトという犯罪を早く終わらせるためなのです」

　「アフリカ大陸の南端では、素晴らしい成果が生まれつつあり、わたしたちはかけがえのない贈り物を準備しているところです。全人類のためにすべてを犠牲にして苦しんだ人々への贈り物です。彼らは自由、平和、人間の尊厳、人間としての幸福のためにすべてを捧げました。この成果は、お金に換算することも、貴金属や宝石の総額で評価することもできません。わたしたちの祖先が暮らしてきたアフリカの大地の奥深くには、たしかにそういった高価なものが眠ってはいますが」

　「その成果は、子どもたちの幸福と安心としてあらわれるでしょうし、それが評価基準でなければなりません。子どもはいかなる社会でも、いちばん傷付きやすい市民であると同時に、いちばんの宝なのですから。子どもはやはり、広大な草原で遊ぶことができ、空腹の苦しみを味わうことも、病気で命を奪われることもないようにしなくてはなりません。これからは、無知ゆえに起こる悲劇や、性的、身体的虐待に脅かされることもありませんし、過酷な労働をする必要もありません」

　「その成果は、子どもたちの母親や父親の幸福と安心としてあらわれるでしょうし、それが評価基準でなければなりません。親は、略奪されたり、政治的、物質的な利益のために殺されたり、物乞いだからといって唾を吐きかけられたりすることなく、安心して大地を歩けるようでなければなりません。親もまた、心に抱える絶望という重荷から解放されなければなりません。彼らは空腹で、住まいや仕事がなく、絶望しているのです。苦しんできたすべての人々への贈り物の価値は、南アフリカのすべての人々の幸福と安心としてあらわれるでしょうし、それが評価基準でなければなり

| お名前 | ご職業 | |
|---|---|---|
| | 年齢 | 歳 |

ご住所 〒

お買い上げになったお店

　　　　区・市・町・村　　　　書店

お買い求めの日　　　平成　　年　　月　　日

ご記入いただいた個人情報は、注文品の発送、新刊等のご案内以外は使用いたしません。

ご愛読ありがとうございます。今後の出版の資料とさせていただきますので、お手数ですが、下記のアンケートにご協力くださいますようお願いいたします。

## ●書名

## ●この本を何でお知りになりましたか。
1．新聞広告（　　　　　　　　新聞）　2．雑誌広告（雑誌名　　　　　　　）
3．書評・紹介記事（　　　　　　　　）　4．弊社の案内　5．書店で見て
6．ブログ・SNS など　7．その他（　　　　　　　　　　　　　　　）

## ●この本をお読みになってのご意見・ご感想、また、今後の小社の出版物についてのご希望などをお聞かせください。

## ●定期的に購読されている新聞・雑誌名をお聞かせください。
新聞（　　　　　　　　　　　　　）　雑誌（　　　　　　　　　　　　）

ありがとうございました

## ■注文書
小社刊行物のお求めは、なるべく最寄りの書店をご利用ください。小社に直接ご注文の場合は、本ハガキをご利用ください。宅配便にて代金引換えでお送りいたします。（送料実費）

お届け先の電話番号は必ずご記入ください。　自・勤 ☎

| 書名 | | 冊 |
|---|---|---|
| 書名 | | 冊 |

ません。彼らは今後、人々を分かつ非人間的な壁を壊してくれる人たちです。これら大多数の人々は、人間の尊厳を侮辱した制度に背を向けるでしょう。それはひとにぎりの人間を主人、それ以外の者を召使と呼び、お互いを敵対させ、敵の破滅以外に生き残る道を残さない制度でした」

「わたしたちが分かち合うべき成果の価値は、喜びに満ちた平和が達成できたかどうかで評価されるでしょうし、そうでなければなりません。なぜなら、同じ人間であるという認識が黒人と白人を同じ人類というきずなで結び、わたしたちひとりひとりに、楽園の子どものように生きよう、と語りかけるはずだからです」マンデラはそれから、デクラークに敬意を表していった。「彼は、勇気をもって認めました。アパルトヘイトという制度のせいで、ひどく間違ったことが、南アフリカとその国民に対してなされたと。彼には将来を見通す力があり、南アフリカの全国民が対等な立場で話し合い、ともに自分たちの将来を決めるべきだという重要な事実を理解し、受け入れました」

マンデラは自伝で、デクラーク氏をあれほど厳しく非難した後で、よくいっしょに受賞することができたものだ、とたびたびいわれたと書いている。それについてマンデラは、「彼が誠実に、なくてはならない貢献をしてくれたからこそ、和平が実現したと思っています」と書いている。「わたしはデクラーク氏の名誉を傷つけようとしたことは一度もありません。そんなことは現実的ではないからです。彼が弱い立場に追いこまれれば、交渉もうまくいかなくなります。敵と和解するには、その敵とともに課題に取り組まなければなりません。そのとき、敵はパートナーになるのです」

上：マンデラとデクラークが、議会前で子どもたちと言葉を交わす様子

◆選挙運動

　アフリカ民族会議（ANC）の公式な選挙運動は短期間に集中的におこなわれたが、ANC も国民党も、デクラーク大統領が 1990 年 2 月に重大な発表して以来、選挙の準備をすすめていた。

　マンデラは、この選挙運動で、多種多様な人々が所属する ANC をまとめるという、とても重要な役割を果たした。貧しいコミュニティで、執行部の会議室で、教会で、シナゴーグで、モスクで、同じように人々をひきつけた。多くの時間を費やして少数派の人々とも向き合い、新しい南アフリカの政治の場にはだれもが歓迎されると請け合った。西ケープは国内で唯一、全国的な意味での少数派（カラードと白人）が多数派（黒人）の数を上回る州だ。そのケープの実業家たちを前に、マンデラは選挙の 34 日前に演説をしている（ここの人口構成比が異なるのは、この地域がアパルトヘイト法でカラード職業優先地域と指定され、黒人は追い出されて〔バントゥー・〕ホームランドと呼ばれる黒人居住地域に送られたためだ。これに関しては別の機会に語ろう）。

　マンデラは南アフリカの将来について、だれもが平等な市民として堂々と胸を張って歩けるようになるといった。「わたしたちは初めて、同じ南アフリカ人として、少数の特権階級のためだけにあった制度を終わらせるのです。その制度は、わたしたちの言語や文化の違いを、国民みんなの力になるものではなく、国民を分断する手段として使いました」。2 週間後、マンデラは、ヨハネスブルグとプレトリアの間に位置するミッドランドで、異文化交流晩餐会に主賓として出席した。この会には、ギリシャ系、スペイン系、オーストラリア人、中国系、インド系コミュニティの人々が招かれていた。マンデラはこのイベントを、「南アフリカ国民の豊かな多様性の証」と表現した。「わたしたちは実にさまざまな文化的背景をもっていますが、同じ国の国民です。わたしたちは実に多様ですが、みんなアフリカ大陸の南部で同じ運命のもとに結ばれています。わたしたちはみんな、南アフリカ人なのです。まだ気づいていない方がいらっしゃるなら、ぜひともわかっていただきたいことがあります。それは、わたしたちが世界一美しい国に暮らしているということです。あなたの故郷はここにあり、ここはすべての南アフリカ人の故郷でもあります」

写真：選挙活動中のマンデラ

# 盲目の少年がマンデラを "みる"

1997 年 11 月、ウースター駅（ケープタウンの約 120 キロ北）にて。

「1997 年の終わり頃、マンデラ氏は資産家の友人たちを招き、南アフリカを走る鉄道旅行をおこないました。ネルソン・マンデラ子ども基金のための資金を募るためでした。この旅は、南アフリカの豪華列車、ブルートレインのリニューアル記念を兼ねていました」

「乗客のなかには、ミュージシャンのクインシー・ジョーンズ、クリケット選手のイムラン・カーンと妻のジェマイマ、女優のミア・ファロー、モデルのナオミ・キャンベルの姿がありました」「人々はマンデラ氏（と列車）をひと目みようと、プレトリアとヨハネスブルグの間の主要駅に集まっていました。ウースターで列車が停車したとき、ホームで待っていた人々のなかには盲学校の生徒たちもいました」

「ある少年が、マディバがどんな姿をしているのか知りたいといいました。彼はマンデラ氏の顔に触れたかったのです。少年とマンデラ氏の出会いは、わたしが撮影したなかでも特に感情豊かな写真となりました」「何年もたってから、わたしはそのときの少年、ウィレム・ヴェンターを探し出しました。彼は自信にあふれた好青年になっていました。当時の南アフリカで、たった 3 人のコンピューター・サイエンスを学ぶ全盲の学生のうちのひとりでした。彼は、マンデラ氏に会えたことが、人生を大きく変えたといいました。決してあきらめないことの大切さに気づかせてもらったというのです」

「このような瞬間があるからこそ、マディバの写真を撮る仕事はやりがいを感じるのです。よい写真が撮れるだけでなく、この人が世界をよくしていると、心から感じられたのです」

——ベニー・グール（フォトジャーナリスト）

# 第 7 章

# 国民の大統領

ヨーロッパ人の入植から約 350 年後、
すべての南アフリカ人に初めて
発言権が与えられた。
だれが政治の場で自分を代弁するのか
について、声をあげる権利だ。

**選**挙の実施には、大規模で過去に例をみない後方支援(ロジスティクス)を要した。それをとり仕切るのは不慣れな独立選挙管理委員会だった。

　恐れがあった。不安があった。うわさがあった。遅延があった。しかし、選挙のその日は、奇跡と呼ばれた。ほかならぬツツ大主教が、そう呼んだのだ。奇跡について、彼以上の権威はいない。まるでだれかが魔法の杖を振ったかのようだった。暴力も、脅迫も、下手な演出じみた行動もなかった。南アフリカ人はやっと報いられ、尊厳をもって投票する権利を手にしたという思いをかみしめているようだったし、実際、威厳をもって投票した。

　驚異的な１日だった。

写真：投票日

　マンデラはクワズールー・ナタール州で投票することにした。この州ではアフリカ民族会議（ANC）とインカタ自由党（IFP）の対立が続いていたので、マンデラは自ら投票することで、投票場の安全性を人々に知らせようとしたのだ。彼が選んだ投票場は、ダーバンの北部、イナンダにあった。そこには初代の ANC 議長、ジョン・デューベが埋葬されていた。

　南アフリカで最後の白人のみによる選挙は 1989 年 9 月におこなわれたが、そのときの投票者は 210 万人だった。なんとか 100 万強の票を得て国民党が与党にとどまった。1994 年には、1950 万人が投票し、そのうち 1200 万票（62％）以上が ANC に投じられた。国民はついに声をあげたのだ。「この国は生まれ変わったのです」と、マンデラはいった。

# 「この国は生まれ変わったのです」

──ネルソン・マンデラ

写真：投票日

# 和解という使命

　「開票速報が入ってきて、アフリカ民族会議（ANC）が政権を発足させることが明らかになった瞬間から、自分の使命は和解を説き、この国の負った傷をふさぎ、信頼と自信を生み出すことだと考えていました。さまざまな人々、特に少数派である白人やカラード、インド系の人々が将来に不安を感じることは予想できましたし、彼らに安心してほしいと思いました。わたしは繰り返し説明しました。解放闘争は、特定の集団や人種との戦いではなく、抑圧的な制度との戦いだといって回ったのです。どこへいっても、わたしはいいました。すべての南アフリカ人が、いまこそひとつになり、手を結んで、声に出していうべきだ──我々は地理的な意味でも、文化的歴史的意味でも、民族的な意味でもひとつの国であり、未来に向かってともに歩んでいくのだ、と」

──ネルソン・マンデラ　自伝『自由への長い道』より

写真：1996 年、南アフリカ初の民主的な地方議会選挙に向けて、マンデラはケープ南部の小さな町、エリムを訪ねた。この町にはかつて伝道の拠点があり、解放された奴隷を受け入れていた

　5月9日。この日から遡ること4年3カ月、釈放された日に、マンデラは南アフリカ国民に向けて演説していた。そしていま、マンデラはケープタウンのグランド・パレードで、再び国民に向けて話していた。あのときは、郊外のヴィクター・フェステア刑務所からザ・パレードにやってきたが、今回は市内にある議事堂からのちょっとした移動だった。議事堂で、この国の大統領としての宣誓をすませてきたところだった。

　「おそらく歴史が、この地と定めたのでしょう。ケープ・オブ・グッド・ホープ（喜望峰）こそ、我々が新しい国家の礎を築くべき場所だと」マンデラはいった。

　「というのもここ、ケープこそ、3世紀以上前、アフリカから、ヨーロッパから、アジアから、この喜望峰の海岸に訪れた人々の運命的な出会いの場だったからです……。民主主義を求める闘争は、決してひとつの人種、階級、宗教、性別の南アフリカ人が追求したものではありません。この日がやってくるのを信じて戦った人々に敬意を表し、この国のすべてのみなさんのすばらしい息子や娘たちを称えようではありませんか。そのなかには、アフリカ人もいれば、カラードも、白人も、インド人も、イスラム教徒も、キリスト教徒も、ヒンズー教徒も、ユダヤ教徒もいるでしょう。そのだれもが、この国の国民のよりよい生活という共通の目標をもって、ひとつに結ばれるのです……」

　「わたしたちは、南アフリカのための新たな憲法を提案します。これは、征服した者が征服された者に押しつけるものではありません。わたしたちの発言は、みなさんと同じ国民として過去の傷を癒やすべく、新たな秩序をつくりあげることを念頭においたものです。そのためには、すべての人にとって公正でなければならないと考えています」

> 「そのなかには、アフリカ人もいれば、カラードも、
> 白人も、インド人も、イスラム教徒も、キリスト教徒も、
> ヒンズー教徒も、ユダヤ教徒もいるでしょう。
> そのだれもが、この国の国民のよりよい生活という
> 共通の目標をもって、ひとつに結ばれるのです……」
> ──ネルソン・マンデラ

上：大統領としての宣誓後、マンデラは熱狂的なケープタウン市民の前に
あらわれた。新大統領を紹介したのはデズモンド・ツツ大主教だった

　マンデラの大統領就任式はプレトリアのユニオンビルで翌日おこなわれた。過去にこれほど大勢の世界の指導者が南アフリカに集まったことはなかった。つい最近までわざわざ訪問する人のほとんどいない世界ののけ者だった国に、これほど多くの著名な指導者が集まるのはこれが初めてだった。

　「わが国は少し前まで、悪名高い国でしたが、本日、こうして世界中の国々のみなさんを南アフリカの地にお迎えできることを大変名誉に思います……。我々はついに、政治的解放を達成しました。我々は、すべての国民をいままでの束縛から解放することを約束します。貧困、剥奪、苦痛、性差別などの差別が、いまでも人々を苦しめています……。もう、二度と、決して再び、この美しい国で、だれかがだれかに抑圧される状況が起こることはありません……。太陽が、これほど輝かしい人類の成果を照らすのをやめ、沈むことはないでしょう。自由に勝利を。アフリカに祝福を」

　2週間後、マンデラはケープタウンに戻り、初めての施政方針演説をおこなった。演説の冒頭で、マンデラは自分が考えている和解について語った。このときはアフリカーナーの詩人、イングリッ

ド・ヨンカーを引き合いに出した。マンデラは言った。彼女は詩人であり南アフリカ人だった。そして、アフリカーナーでありアフリカ人でもあったし、アーティストであり人間だったと。「絶望のさなかで、彼女は希望を称えました。死を突きつけられ、彼女は生の美しさを肯定しました。陰鬱な時代、この国ですべてが絶望的だと思われたとき、多くの人々が彼女の心の叫びに耳を傾けるのを拒んだとき、彼女は自ら命を絶ちました。イングリッド・ヨンカー、そして彼女のような人たちのためにも、我々は生きていることに感謝しなければなりません。彼女や彼女のような人たちのために、我々は、貧しい人々、抑圧されている人々、悲惨な目にあっている人々、さげすまれている人々に対し、責任を果たさなければなりません」

左：軍の幹部と言葉を交わす
上：マンデラ大統領が有名歌手の案内で初めて議会に迎え入れられる様子

それからマンデラは本題に入り、政府が復興開発計画を実行に移し、国内で深刻な状況で援助を必要としている地域の問題に取り組むことを話した。6歳以下の子どもと妊娠中の女性の医療費を免除し、栄養のある給食を、支援が必要と考えられる学校すべてで実施する。今年中に35万世帯に電力を供給する計画はすでに動きはじめている。公共事業キャンペーンを政府の各部署で立ち上げて、経済開発を推し進めると同時に、雇用を促進する。マンデラはそのように説明した。

　「政府はまた、全力を尽くして国内外の投資家にとって魅力的な環境を作ります。全世界と競わなければ、特に外国からの直接投資を呼びこむことはできないことも承知しています」マンデラはいった。「明日、アフリカ統一機構（OAU）創設を記念するアフリカデーに、我が国の国旗がアディスアベバのOAU本部でおこなわれる歴史的式典で掲げられるでしょう。OAUはすでに、我が国を新たな加盟国として承認すると約束しています。明日のアフリカデーに、国連安全保障理事会は会合を開き、まだ残っている我が国への制裁を解除し、国連という世界的な組織が我が国との関係を見直すことになっています。南アフリカ国民を、名誉ある、信頼のおける、平和を愛する国民とみなしたのです……」

　「昨日、議会はわが国がイギリス連邦に加盟申請することも決定しました。複数の国家によるイギリス連邦は、喜んで我が国を受け入れてくれます」

　「我々は教訓を学びました。我々の過去の汚点は、どんな人間もおこなってはならないことについて教えてくれています。それがよくわかっているからこそ、我々が目指すのは人間の英知が成しうる最高のものになるはずです。我々は夢を持ち、将来を思い描いています。それは全国民が広場や競技場で楽しんでいる場面であり、全国民が当然の権利として豊かな余暇を享受し、劇場や、ギャラリーや、ビーチや、山や、草原や、動物保護区域を利用し、平和に、安心して、くつろいでいる風景です」

　「その輝かしい未来への道は、みんなが協力し合って懸命に努力し、目標を達成することで開けます。その目標とは、国民のことをいちばんに考える社会を作ることであり、実現するためには我々の復興開発計画に盛りこんだビジョンを実行に移す必要があります。一丸となって、はじめようではありませんか！」こうして、新生南アフリカが誕生した。

---

「その目標とは、国民のことをいちばんに考える社会を作ることであり、実現するためには我々の復興開発計画に盛りこんだビジョンを実行に移す必要があります」
——ネルソン・マンデラ

上：議会で演説するマンデラ

# 国歌

　南アフリカの民主主義化の道における非常に感動的な歩み寄りのひとつに、国歌がある。

　古い（白人の）南アフリカ国歌『ディ・ステム（南アフリカの呼び声）』は詩人のC・J・ランゲンホーフェンが1918年──マンデラが生まれる2カ月前──に作詞したものだ。アフリカーナー社会、祖国、そして神を賛美する歌だった。アフリカ民族会議（ANC）には独自の国歌『ンコシ・シケレリ・アフリカ（神よ、アフリカに祝福を）』があった。もともとはイノック・ソントンガにより1897年に作曲された聖歌だ。それは1912年、ANCの初会議の閉会時に歌われた。そしてこの歌のスワヒリ語版が、タンザニア国歌だ。

　民主化された南アフリカの国歌はどちらになるのだろう？　はじめは両方が歌われたのだが、のちに2曲をひとつに編曲した国歌ができた。多くの人々にとって、考えられない歩み寄りだった。ふたつの国歌はどちらも感情的なしこりを背景に持っていたのだから。しかしマンデラによって、歩み寄りはまったく自然におこなわれた。プレトリアでの大統領就任演説では、ふたつの国歌が力強く生き生きと歌われた。マンデラはそれを歩み寄りではなく、神の祝福と考えた。

　「就任式の日はわたしにとって象徴的でした。ふたつの国歌が演奏され、白人が『ンコシ・シケレリ・アフリカ』を、黒人が『ディ・ステム』を歌ったのです……。その日、白人も黒人もそれぞれが忌み嫌った国歌の歌詞を知りませんでしたが、間もなくそらで歌えるようになっていきました」と、マンデラは書いている。

　第一次マンデラ政権は1994年から1996年まで続いた。この政権は、まったく異質な指導者たちを集めて新しいものを作り出す好機となった。議会はさまざまな政党の代表で構成されていた。民主的な選挙での得票率が5％以上だった政党が議席を獲得したのだ。また、アフリカ民族会議（ANC）からは幅広い世代の指導者が参加しており、彼らの闘争経験にも幅があった。刑務所で闘争を続けた人、亡命先で活動した人、街なかで活動した人といった具合だ。副大統領はふたりいた。前大統領のF・W・デクラークと、ターボ・ムベキ（父ゴヴァンが、リヴォニア裁判でマンデラとともに終身刑をいい渡された）だ。

　運輸相はマック・マハラジだった。マンデラの自伝の初稿をロベン島刑務所から持ち出した人物だ。住宅相は、共産党員でかつて反逆罪裁判にかけられた、ジョー・スローヴォ。ANCで長きにわ

たり書記長を務めたアルフレッド・ンゾは外相に、ウムコントウェシズエ（MK）の初代隊長だったジョー・モディセは民主的な南アフリカで初代の国防相になった。カダール・アズマル教授は亡命先で指導的な役割を果たし、イギリスの反アパルトヘイト運動を、その後アイルランドの反アパルトヘイト運動を確立した人物で、水森林相に指名された。マンデラ自身のスポークスマン、ダラー・オマールはマンデラ内閣の司法相に、そして比較的若い統一民主戦線（UDF）の指導者だったトレヴァー・マニュエルは貿易産業相となった。ANC 以外の政党から入閣したのは、国民党の交渉担当の責任者だったロエルフ・メイヤー（憲法相）、アパルトヘイト時代に長期にわたって外相を務めたピック・ブアタ（鉱業・エネルギー相）、インカタ自由党（IFP）の指導者、マンゴスツ・ブテレジ（内相）らだった。

　最後の白人内閣でのポストに留任した唯一の閣僚は、デレク・キーズだった。鉱業会社の会長だった彼を、デクラークが財務相に指名したのだ（キーズは 1994 年 7 月に辞任し、後任には銀行家のクリス・リーベンバーグが就任した）。多様性＝力と考えれば、この内閣は非常に強力なチームだった——ただし、女性の閣僚はいなかった。

　ANC の交渉チームを率い、かつて労働組合支持者でもあったシリル・ラマポーザは、制憲議会の長という、2 年間で南アフリカの未来の青写真を描く役割に任命された。

左：マンデラとふたりの副大統領、F・W・デクラーク（右）、ターボ・ムベキ
上：マンデラが議会で演説する様子

### ◆精力的な75歳

　ネルソン・マンデラは76歳の誕生日を迎えようとしていたが、歳を感じさせず、常に元気ではつらつとしてみえた。その原動力は、正義と公正さに支えられているこの南アフリカの物語だった。マンデラはある意味古風であり、同時代の人と比べて保守的で、摂政のジョンギンタバのいる宮廷で育てられた紳士だったが、同時に、先進的な信念の持ち主でもあった。彼のそういった側面は、ウォルター・シスル、オリヴァー・タンボ、ロバート・ソブクウェ、ブラム・フィッシャーをはじめとする、非凡な能力をもつ人物たちとの交流を通じて磨かれた。自伝『自由への長い道』の最終ページで、マンデラは彼ら反アパルトヘイト闘争の英雄たちの名をあげ、「すばらしい英知と、勇気と、高潔さを持ち合わせた面々で、彼らほどの人物はこの先あらわれないかもしれない。抑圧の淵を経験したからこそ、あれほどまでに人格が高められたのだろう」と書いている。彼ら英雄たちが、マンデラに教えた。「勇気とは、恐れないことではなく、恐れに打ち勝つことだ」と。

　「わたしは、こういった大きな変革が起こるだろうという希望を失ったことはありませんでした……。いつも信じていました——どんな人でも心の奥底には、人間らしさや寛大さがあるものだと。生まれながらにして、肌の色、出自、宗教を理由に他人を憎む人はいません。人は憎しみを学ぶのです。憎むことを学べるなら、愛することを教わることもできます。愛は自然に——憎しみよりも自然に——、人間の心に生まれるものだからです。刑務所でもっとも過酷な状況にあったとき、仲間とわたしが限界まで追いこまれたときでさえ、看守のひとりにわずかな人間性をみたものです。それはほんの一瞬でしたが、わたしに確信を持たせ、前に進み続けさせるには十分でした。人間の善良さは、隠すことはできても決して吹き消すことのできない炎なのです」

　マンデラは人々の生まれながらの善良さを固く信じ、熟考したうえで和解という旅に出た。政治戦略ではなく、それが倫理的であり、人間的であり、正しいからだった。

「人間の善良さは、隠すことはできても
決して吹き消すことのできない炎なのです」

──ネルソン・マンデラ

左：1996年、初の民主的地方議会選挙前にマンデラはケープ南部のエリムを訪問した
上：末期疾患に冒された子どもたちとともに79歳の誕生日を祝うマンデラ

### ◆のけ者から友人へ

　世界のまともな国々が南アフリカの惨状を知って国交を断絶するまでにはそれなりの時間がかかった。しかし、その国——地球の嫌われ者からツツ大主教がのちに"ときのスター"と表現した存在——への変貌は、事実上一夜にして起こった。どちらも演奏されたふたつの国歌の最後の音色は、5月10日のプレトリアでなかなか消えなかった。その日、世界の国々の代表は国交を再開しようと列をつくりはじめた。

　大統領就任式で、南アフリカは、イラン、モロッコ、ナミビア、カタール、スーダン、ジンバブエとの外交関係を改善する合意書に署名した。同日、カナダは特恵関税制度を南アフリカに適用すると発表、オーストラリアは800万豪ドルの追加支援を表明し、EUは約2億1000万ドルの投資を1994年内におこなうことを決めた。5月末までに、南アフリカはさらにアンゴラ、エジプト、サウジアラビア、アイスランド、キューバ、モンゴル、ブルキナファソ、ベニン、クウェートと外交協定を結んだ。また、イギリス連邦、非同盟運動、南部アフリカ開発共同体、アフリカ統一機構（OAU）に加盟した。大統領になった年には、マンデラに少しでも空き時間ができれば、他国の外交官がふたり信任状を奉呈しようと待っていて、空きを埋めた。1994年6月、マンデラとパレスチナ解放機構（PLO）の指導者、ヤーセル・アラファトとの会談において、パレスチナが南アフリカに大使館を開設する合意がなされた。1994年以前、南アフリカが二国間関係を結んでいたのは30カ国未満だった。マンデラが大統領を退任する頃までに、その数は100を超えた。南アフリカと友好関係を結びたがらない国はほとんどなかった。

> ……世界の国々の代表は、国交を再開しようと列をつくりはじめた。

左：マンデラとパレスチナ解放機構の指導者、ヤーセル・アラファト
右頁左：マンデラとナミビアのサム・ヌジョマ大統領
右頁右：マンデラとキューバのフィデル・カストロ首相

## ◆復興と開発

　8月、政権発足100日を記念する議会でのスピーチで、マンデラは国民に報告した。

　繰り返し登場する政策テーマは復興開発計画であり、「国を興すための基礎を確立し、紛争、貧困、病気、無知の泥沼から脱け出すこと」とした。マンデラは、議題としてあがっている真実和解委員会の重要性を説き、委員会は「一定の基本方針に基づいて運営する」とした。この委員会は被害者への補償だけでなく、恩赦についても検討することになっていた。つまり、アパルトヘイト時代の加害者たちに犯した罪を認識させ、法律を順守させることが目的だったので、検察および裁判の機能は持っていなかった。難しい問題はいろいろとあり、そのひとつは、確実に加害者と被害者、双方が納得できるようにすることだった。

「交渉の過程から、独特な移行期の仕組みができあがり、主だった野党を含む国民統一政府が発足しまーた。さらに、我々はともに独創的な方法を模索し、政府に議席をもたなかったすべての党の力を国づくりに役立てる手段をさがしていきます」

「当然ですが、我々はみな懸命に努力して、この新たな局面における適正バランスを見出そうとしています」

「しかしながらきわめて重要なことは、我々が揺るぎない国家としての合意を築き、暫定憲法と復興開発の幅広い目標を打ち立てたことです。この合意は、ひとつの党がほかの党に押しつけたものはありません。束の間のロマンスから生まれた気まぐれな思いつきによるハネムーンでもありません。我々が結集したのは、最優先で取り組むべきことがあったからです。それは、我々が一団となって協力し合い国民の和解をはかり、国民の生活を改善するよう努力することです」

写真：議会でのマンデラ大統領

#### ◆真実和解委員会

　南アフリカの真実和解委員会は、マンデラ政権の基本理念を示す非常に重要な役割を負っていた。目的は分裂、紛争、過去の痛みや苦しみに対処することだったのだ。この委員会は、もともと1993年に制定された国の暫定憲法の産物で、民主的な選挙に先立って多党会談で協議されたものだ。憲法の最後の章は「国家の統一と和解」と題され、これを幅広い基盤として修復的司法〔関係当事者全員の話し合いによって、加害者・被害者間の関係修復と、加害者の反省・更生を図る活動〕の仕組みが確立された。この仕組みは（ニュルンベルク式の因果応報モデルの対極を成すもので）恩赦を認め、政治的目的で犯された犯罪や暴力に対する責任を問わないこととした。ただし、それは過去の紛争中におけるものに限られた。

　「この憲法の採択によって揺るぎない基盤が築かれ、これをもとに南アフリカ国民は、甚だしい人権侵害と人道主義の荒廃を生んだ過去の分裂と衝突を乗り越えることができるようになるだろう。過去の分裂や衝突は、武力衝突、憎しみ、恐れ、罪悪感、報復といった負の遺産のなかで起こったことである」と暫定憲法には記載されていた。

　「いまようやく、次のことを前提として、これらの問題に取り組むことができるようになった。この取り組みは、過去に起こったことを理解するためにおこなうのであり、復讐のためではない。犠牲者への補償のためであり、報復のためではない。ウブントゥ（あなたがいるからわたしがいる）の考え方が必要だからであり、迫害のためではない」

　議会はこの問題に取り組み、1995年に「国家の統一と和解を促進するための法」を採択した。これを下地に真実和解委員会が設立され、3つの小委員会が人権侵害、恩赦、補償と復権という課題に取り組むこととなった。また、委員会は「可能な限りの全体像」を提示するよう求められ、1960年3月1日以降の「甚だしい人権侵害の性質、原因、範囲」を調査し、報告することとなった。

左：真実和解委員会の公聴会開始
上：アパルトヘイト時代の治安警察で拷問をおこなったジェフ・ベンツィエンが、濡れた布の袋を使用する拷問を実演する様子

デズモンド・ツツ大主教がこの委員長となり、そのために聖職を引退した。委員会は 16 名の委員で構成され、政治的な信念や背景はさまざまだった。委員会は第 1 回の公聴会をイースト・ロンドンの市庁舎で 1996 年 4 月におこなった。人権侵害の被害者や遺族——ほとんどの場合、加害者はアパルトヘイト時代に治安維持にあたった者たちだが、例外もあった——が語る恐ろしい話に、国じゅうが聞き入った。最初の 1 週間で、委員会は、拘留中に殺害された最初の政治犯の未亡人から、そして "クラドック・フォー" とよばれる反アパルトヘイトの活動家の未亡人たちから話をきいた。クラドック・フォーの活動家たちは、警察に逮捕され、拷問を受けたうえに焼き殺されたのだ。公聴会の 4 日目に、車いすに乗った男性が自分の受けた拷問について語りはじめたときには、ツツ大主教は涙をこぼし、市庁舎全体が涙で洗われた。こうして公聴会の雰囲気は決定的になった。

　同様の公聴会が人権侵害委員会によって国じゅうで開かれた。その内容はラジオで生放送され、テレビでも詳しく報じられた。恩赦委員会も公聴会を開いたが、回数はずっと少なかった。ほとんどの決定は書類審査により会議室でおこなわれた。

……市庁舎全体が涙で洗われた。こうして公聴会の雰囲気は決定的になった。

左：涙ぐむツツ大主教
上：証拠を提示しながら泣く真実和解委員会の証人のひとり

　特別聴聞は、各政党からの要請により、特定の出来事、機関、団体について調べるためにおこなわれた。呼び出されたのは、国の化学生物戦計画の関係者、マンデラ・ユナイテッド・サッカー・クラブ、法務分野や衛生分野に関する機関などだ。真実和解委員会は決して完璧なものではなかった。調査能力が不十分だったし、証人を召喚する権限は限られていた。そして、アパルトヘイト政府の指導者に真実を明かす決意をさせられなかった。彼らは、どうしても言い逃れができないと感じたことしか打ち明けなかったのだ。また、国民の弾圧に軍が大きな役割を果たしていたことを明らかにはできなかった。

　しかし、真実和解委員会の最大の弱点は、最後まで調査を継続できなかったことだ。委員会が最終報告書をまとめる頃にはマンデラは引退を目前に控えていた。そして、委員会の重要な助言のいくつかを、マンデラの後継者たちは実行しなかった。1回のみ課されるはずだった富裕税は導入されず、恩赦を認められなかった加害者はひとりも起訴されず、被害者への補償はなかなか支払われなかったうえに支給額も低かった。ツツ大主教はそれを「真実和解委員会の未完の仕事」と呼んだ。

委員会が大きく貢献したことがあったとすれば、それは魂を傷つけられ痛めつけられた国民を全国的に調査したことだ。そして、政府への報告を 1999 年におこなった。しかしその後、なんの対応もなされなかった。

一方、アフリカ民族会議（ANC）は自党に不利な所見が記載された委員会の最終報告書を改ざんさせようとしたが、委員会は裁判で抵抗し、その正当性が認められた。この出来事によりツツと ANC——ツツが長きにわたってかかわってきたが、党員になったことのなかった——の関係に亀裂が入った。マンデラとツツの親交は変わらず、むしろこの出来事によってきずなは強まった。

左：治安警察の暗殺部隊のリーダー、ユージーン・デコック（左）。真実和解委員会にて
上：ツツ大主教がマンデラに、真実和解委員会の最終報告書を渡す様子

◆とびきり愛情深い人物

　ネルソン・マンデラの大統領時代、特に注目すべきは、彼が人間らしいやさしさ、寛容さ、思いやりの模範となったことだった。彼は細心の注意を払って、考えられないような大パーティーをアパルトヘイト直後に催して、南アフリカ国民であること以外に、ほぼ共通点のない人々をまとめた。マンデラには自分の寛容さを、華々しく、印象深く象徴的にみせる独特の才能があった。同じことを別の人間がやっても、大げさで心がこもっていないと思われただろう。

　マンデラほど"子どもを抱きしめる老政治家"という"お約束"を長いこと続けた人物はほかにいない。マンデラは子どもをみつけると必ず抱きしめた。マンデラは、目に入った子どもにはいつもあいさつをするというこだわりがあり、安全対策や予定は二の次だった。そのせいで、マンデラのボディガードたちの頭にはずいぶん白髪が増えた。マンデラは、催し物に出席するとき、あいさつをとても大事にした。主催者や顔なじみの要人だけでなく、調理場や給仕、掃除のスタッフへのあいさつも怠らなかった。人の顔と名前を覚えることを誇りに思っていた。2度目、3度目に会う相手に「わたしのことをまだ覚えておられますか」とたずねるのを楽しみにしていた。この謙虚さと、礼儀正しさと、控えめな品格を、マンデラはどこにいっても忘れなかった。議会でも、地域社会でも、国際舞台でも。マンデラは、人々の間を取り持ち、修復するのが自分の役割だと考えていた。

> **2度目、3度目に会う相手に「わたしのことをまだ覚えておられますか」とたずねるのを楽しみにしていた。**

写真：マンデラはいつも子どもたちがかわいくてしようがなかった

#### ◆スプリングボックという象徴

　マンデラは多くの政治的な修復をおこなったが、南アフリカがラグビーワールドカップで優勝した1995年、ヨハネスブルグ市内のエリス・パーク・ラグビー・スタジアムでの出来事は特に有名だ。マンデラはこの機会を、アフリカーナーにも愛情を示す好機ととらえた。アフリカーナーにとってラグビーは神の次に大切だからだ。マンデラは南アフリカ代表チーム"スプリングボクス"をケープタウンでのトレーニングキャンプ中に訪問し、決勝戦のキックオフ前に再び訪れた。大会は南アフリカで開催されており、これは想定されたことだった。しかし彼はさらに、キャプテン、フランソワ・ピナールの背番号"6番"のユニフォームを着てあらわれ、観客を大いに湧かせた。

　シンボルマークの動物、スプリングボックは長年、反アパルトヘイトを訴える人々の間で批判の的になっていた。アフリカーナー優位の象徴であり、なくすべきだというのだ。しかし、マンデラはキャプテンのユニフォームを着て、心からうれしそうな笑みを浮かべていた。もちろんスプリングボクスの優勝は人々の心をつかむ助けとなったが、マンデラがあの日、スタジアムにいたということは、南アフリカにとっては3点の得点以上に価値があったという人も多い。

左：マンデラとスプリングボクスのキャプテン、フランソワ・ピナール。1995 年のラグビーワールドカップでの南アフリカ優勝を祝って
上：スプリングボクスのトレーニングキャンプを訪れるマンデラ。1995 年のラグビーワールドカップ開催前に

### ◆絶えることなく歩み寄る

　感動的なワールドカップ決勝戦の1カ月後、マンデラはアパルトヘイト政策の指導者および反アパルトヘイトの指導者の妻や未亡人のために昼食会を催した。場所はプレトリアのマシュランバ・ンドロブ（新時代の幕明けの意）と呼ばれる大統領官邸の庭にある、プラムの古木の下だった。出席者には元共和国大統領ニコラス・ディードリクス夫人のマルガ、元大統領P・W・ブアタ夫人のエリザベス、元パンアフリカニスト会議（PAC）書記長のゼファニア・モトペン夫人のウルバニア、元アフリカ民族会議（ANC）書記長のオリヴァー・タンボ夫人のアデレイドなどの顔がみられた。タンボ夫人は、過去は決して忘れ去られないだろうが、許すことはできるといった。マンデラは次のように述べた。あなたがた女性をご招待したのは現実的な一歩であり、新しい未来を大事にするためです。みなさんひとりひとりが大切なレンガとなって、南アフリカに建設中の新たな建物を作ってほしいと願っています。アパルトヘイト政策の指導者の未亡人のうち、プレトリアでの昼食会に駆けつけられなかった人もいた。そのひとりが、ベッツィ・フェルヴルトだ。夫は南アフリカの首相を務め、"アパルトヘイトの設計者"として知られるH・F・フェルヴルトだ。1966年、フェルヴルトは議会からの使者に暗殺され、犯人は精神病を患っているとして病院に隔離された。

　94歳のベッツィはオラニアという町に住んでいて、マンデラはその町を訪れた。水省はオラニアを建設したが、この地域での仕事を終えると、町をまるごと売却した。購入したのはアフリカーナーのホームランドを設立したいと望んだ投資家グループだった。マンデラはベッツィに会うため白人しかいないその町に飛んだ。「ソウェトにいるかのように受け入れてもらえた」と、マンデラはお茶の時間を過ごした後、ジャーナリストに話した。アメリカの新聞「ボルティモア・サン」は「この和解の訪問は、現実とはとても思えない事件だった」と、この出来事を報じた。

……この和解の訪問は、現実とはとても思えない事件だった。

左：元共和国大統領Ｐ・Ｗ・ブアタと、ひとり目の妻、エリザベス
上：マンデラと"アパルトヘイトの設計者"Ｈ・Ｆ・フェルヴルトの妻、ベッツィ

### ◆聖杯はない

マンデラの世界には、聖杯というものがない。修復できないほど根深い分裂も、解決できないほど難しい問題もない。友人になれる可能性のない敵はいない。マンデラは、この和解に対する楽観主義者というブランドを国際舞台での仕事にも持ちこみ、リビアの指導者、ムアンマル・アル＝カダフィを説得してイギリスが要求しているロッカビー事件（パンナム機爆破事件）の容疑者引き渡しに合意させ、コンゴ民主共和国での内戦を終結に向かわせ、北アイルランド、東ティモール、ブルンジに継続的な平和をもたらすことに貢献した。

マンデラには世界中に多くの友人がいたが、その友人どうしは必ずしも仲がいいとはいえなかった。例えば、マンデラはイギリス女王ともアメリカ大統領ともキューバ首相ともファーストネームで呼び合う仲だった。欧米の指導者のなかには、マンデラがフィデル・カストロ、ムアンマル・アル＝カダフィ、ヤーセル・アラファトといった人物と親しいことに戸惑いを感じる者もいたが、マンデラは実際、反アパルトヘイト闘争中にアフリカ民族会議（ANC）をもっとも献身的に支持してくれた友人や仲間に忠実だった。南アフリカとリビアとの関係について問われたとき、マンデラがビル・クリントン大統領に「非難したい者にはいわせておけばいい」といったのは有名な話だ。南アフリカの友好国は、南アフリカが決める、というわけだ。

マンデラには世界中に多くの友人がいたが、その友人どうしは必ずしも仲がいいとはいえなかった。

左：マンデラとリビアのムアンマル・アル＝カダフィ大佐
上：マンデラとダライ・ラマ

左上：プロボクサーのロベルト・デュラン（左）、マーヴィン・ハグラーと
左下：イギリス女王、エリザベス２世と
右頁上：ウェールズ公妃ダイアナと
右頁左下：ボリス・ベッカーと、右頁右下：マイケル・ジャクソンと

◆新憲法

　異論はあるかもしれないが、南アフリカの新憲法はネルソン・マンデラのもっとも偉大な功績であり、もっとも永続的な遺産となるだろう。この憲法は初の民主的選挙に先んじて多党会談で話し合われた原則に基づいていた。そして、その後さらに選挙で議席を獲得したすべての党による話し合いがおこなわれ、行政や専門家が一般市民への説明や意見聴取をするパブリック・エンゲージメント（公衆関与）という活動も活発におこなわれ、新憲法は1997年2月に施行された。それは南アフリカの最高法規であり、包括性、寛容さ、公平、説明責任、人権、公正の見本だ。新憲法ははっきりと、ほぼすべての植民地時代およびアパルトヘイト時代の悪を想定し、すべての国民に、人間の尊厳、プライバシー、平等といった権利を、法のもとに保障し、選挙権を保障し、言論、思想、結社、集会の自由を保障している。すべての国民には、住居を持つ権利、教育を受ける権利、職業選択の権利、自由に移動する権利、食料と水と健康的な環境を得る権利がある。人種、性別、性的指向、配偶者の有無、民族、文化、言語、年齢、障害の有無、宗教、道義心や信条などによる差別は違法とされた。

1955 年、クリップタウンにおける人民会議で、あらゆる人種の南アフリカ人——公正を求める人々——は先見性のある文書を作成した。『自由憲章』と呼ばれるその文書は、彼らが思い描く"排除しない"南アフリカの論点を明示していた。いま、それがここで再び日の目をみて、42 年のときを経て、非常に力強くこの国の最高法に反映されたのだ。だが、『自由憲章』の非常に重要な規定のうち、ひとつ憲法に盛りこまれなかったものがある。それはこの国の富は国民の間で共有されるとする規定だ。憲法は最終的には多党交渉の産物であり、そこには財産所有権、政府の行政活動における公正を求める権利が含まれている。そうなると、富の現金や現物による再分配はできない。これはその後、司法によって次のように解釈しなおされた。すべての権利を資金的な事情からすぐに満たすことができない場合（例えば、住居を持つ権利など）、国は全国民のこれらの権利を段階的に実現するための政策をとる。これは大きな問題だった。なぜなら、その結果、すべての国民の生活を向上させるというアフリカ民族会議（ANC）の公約実現を遅らせることになるからだ。それを守るには、南アフリカの"持てる者"が少なくとも自分の富を分かちあう意志を持たなければならない。"持てない者"への率直な共感からではないとしても、国の大義のために。マンデラは特に力を入れて、その路線での啓発を試みたが、同調してくれる人ばかりではなかった。1996 年 12 月、シャープヴィルでの憲法調印の際のスピーチで、マンデラはいった。「我々が築き上げた結束から力を引き出し、ともにさまざまな機会をとらえ、この憲法にうたわれた展望を実現しようではありませんか」

　「過去に起こった不公正を現実的に認めようではありませんか。そのためには、平等と社会的公正に基づいて未来を築く必要があります。我々の国としての結束をはぐくんでいきましょう。それには敬意と喜びをもって、南アフリカのさまざまな言語、文化、宗教をその多様性のなかで認める必要があります。お互いの価値観を受け入れあい、平和な状況をつくれないでしょうか。それができれば、余裕が生まれ、我々すべての最高の能力がおのずとあらわれ、花開くでしょう。なによりも、ともに力を合わせて、ホームレス、非識字者、飢餓、疾病をなくす努力をしましょう。我々の社会のあらゆる場で——労働者階級も、雇用者階級も、行政関係者も、市民社会でも、いかなる宗教の信者も、教師も生徒も、都市部でも、町村部でも、そして農村部でも、東西南北どこでも——手を取って平和と繁栄を目指そうではありませんか。そうすることで、我々は、かつてシャープヴィルや南アフリカ内外の大地をその血で染めた人々を、奮い立たせた信念を回復できるでしょう」

### ◆国民党の政権離脱
　新憲法と権利章典の承認を前にして、国民党は国民統一政府から離脱すると宣言した。1996 年 6 月、議会でその決定を説明した副大統領のデクラークは、主な理由として新憲法から共同意思決定が除外されたことをあげ、次のように述べた。

　「国民統一政府に加わり続けることは、"合意に基づく政府" という概念に死刑判決を下すも同然でした。その概念をいかにゆるやかに広義に解釈しても、それは変わりません。政府への継続的参加は、いってみれば政治的な死刑囚の監房に収監されるに等しい。多党民主主義の生命は——強力で信頼できる反対派の存在にかかっていますが——国民党が国民統一政府の一翼を担い続けることで、逆に、脅かされていたのです」

　国民統一政府が正式に解散したのは初の民主議会の任期の終わり、1999 年のことだった。国民統一政府はその目的を果たした。そろそろ最多議席を獲得した党が単独で統治する時期にきていた。

### ◆マンデラの痛み——家族との関係

　愛する人たちとともに過ごせないつらさは、ネルソン・マンデラの人生を通じて絶えることがなかった。はじめは、闘争を推し進めるのに忙しくて、子どもたちと過ごす時間を取れなかった。その後は27年間、投獄され、釈放されるとすぐにまた、民主主義の誕生に尽力して多忙を極めた。マンデラは、最初の妻、エヴェリン・マセとの間に4人の子をもうけた。彼女は敬虔なエホバの証人の信者で、マンデラは1958年、13年をともにしたあとエヴェリンと離婚している。彼女には、マンデラのような政治に対する情熱がなかった。しかし、マンデラの自伝には、もっと妻の、そして特に子どもたちの面倒をみてやれないものかという、苦悩の記述が散見される。マンデラは常に地下に潜伏しているか、どこかへいっているか、会議に出ているか、拘禁されているか、または投獄されているかだった。家族を恋しく思い、よき夫、よき父でいられないことを後ろめたく思っていた。

　エヴェリンと離婚した年に、マンデラはウィニーと結婚した。18歳年下のウィニーは息をのむほど美しく聡明だった。ソーシャルワーカーで、アパルトヘイト廃止について、マンデラと同様に情熱をかけていた。ウィニーとの間にはふたりの娘が生まれた。しかし、マンデラはふたりの娘ともほとんどいっしょにいられなかった。娘たちがろくに歩けない頃に、逮捕されたのだ。子どもはロベン島刑務所を訪れることは許されていなかった。子どもたちの声は、マンデラが非常になつかしんだもののひとつだった。手紙を書くのは多少の癒やしになったが、厳しく制限されていた。自伝『自由への長い道』に、マンデラがウィニーに向けてこんな懸念を記述している箇所がある。自分と家族とのきずながしおれて枯れることがあってはならない、最近枯れてしまった刑務所の菜園の野菜のようになってはならないと。「家族との関係があの野菜のようになってほしくはなかったが、その一方でこうも感じていた。わたしは自分の人生でとても大切な人間関係の多くをはぐくんでこられなかったではないか。ときには、なすすべもなく、枯れゆくものを見守るしかないことがある」

　夫としての苦悶を想像してほしい。妻が拘束され、独房に入れられていると知っても、自分自身が拘束されていては、途方に暮れている幼い娘たちのためになにもしてやれないのだ。そしてその3カ月後、息子からの手紙で兄が自動車事故で亡くなったことを知る。その子の母親と残された兄妹を慰めることもできず、葬儀に出席することも許されない。1969年、これらすべてがマンデラに起こった。

　1972年、マンデラは、治安警察がオーランドにあるウィニーの家に発砲し、ドアを蹴破ったと知る。いやがらせ以外のなにものでもない。1974年、マンデラは、ウィニーが外出禁止令を破った嫌疑をかけられ、懲役6カ月をいい渡されたと知る。ウィニーはクルーンスタッド刑務所で服役し、それからブランドフォートに移された。ソウェトに戻ったウィニーは、アフリカ民族会議（ANC）の運動に意欲的に取り組んだ。国を統治不能な状態に持ちこむための運動だ。非常事態宣言下では、どんな形であろうと集団による抵抗は容赦なく叩き潰される可能性があった。当時はほとんどの国民が疑心暗鬼に陥っていた。というのも、地域社会にも団体にもアパルトヘイト政権の治安部隊のスパイが潜りこんでいたからだ。そのような状況のなか、自警団は"ネックレス"と呼ばれる残酷な方法でスパイを処刑した。ガソリンを満たしたタイヤを首にかけて火をつけるというものだった。ツツ大主教は、処刑がなくならなければ祖国を捨てるといって自制を求めた。

　このような状況のもとで、ソウェトを拠点とするマンデラ夫人の護衛チームの暴力事件が起こった。このチームはマンデラ・ユナイテッド・サッカー・クラブとして知られるようになる。1988年

上：結婚式の日のマンデラとウィニー

に14歳の少年が拉致され、拷問を受けて殺されており、同サッカー・クラブのコーチは、のちにこの事件の殺人罪で有罪判決を受けたのだ。

マンデラの釈放後、夫人は裁判にかけられ、誘拐罪の共犯で有罪となった。マンデラは裁判で妻を擁護しようとしたが、夫人は有罪となり懲役6年をいい渡された。その後、控訴した結果、執行猶予つきの罰金刑の判決が下りた。マンデラ夫人を控訴で弁護したのは、人格者として尊敬されているジョージ・ビゾス勅選弁護士だった。マンデラの昔の同僚であり、友人でもある。ビゾスは、リヴォニア裁判での弁護団の一員だった。しかしマンデラの結婚生活には大きな負担がかかっていた。2007年に出版した自伝『Odyssey to Freedom（自由への苦難の旅）』でビゾスは、釈放直後のマンデラから、ウィニーとの関係がうまくいっていないことをきいていた。ふたりは1992年に別居、4年後に離婚した。

それまでに、アフリカ民族会議女性同盟（ANCWL）代表のマンデラ夫人は、マンデラの第一次政権で副大臣に任命され、解任されている。AP通信は、夫人の解任はマンデラが大統領就任後にとったもっとも思い切った行動だ、と報じた。夫人は政府の社会変革への取り組みに批判的で、無断で出国したうえ、倫理的、財政的な不正も指摘されていた。

「この決定を下したのは、望ましい政府のためであり、最高水準の規律を国民統一政府をけん引する政治家に求めるためです」マンデラはいった。マンデラが大統領に就任したとき、ふたりはまだ

法的には婚姻関係にあったが、ウィニー・マンデラが大統領夫人の役割を引き受けることはなかった。離別の理由は、マンデラ自身が証人席で公表した。1996年、離婚が成立した日のことだ。釈放から2年、妻はわたしが起きているときには一度も寝室に入ってくることはなく、人生でいちばん孤独を感じた時期だった、とマンデラはいった。彼は当初、夫婦関係を修復したいと思ったが、妻が公然とANCの弁護士、ダリ・ムポフと浮気をしていたことが公の事実となり、結婚生活を終わらせた。1992年9月に、ウィニーからのムポフへの手紙がある新聞にリークされ、それが浮気の確証となった。夫人は愛人への贈り物を惜しまなかったという。ふたりはANC職員という立場を利用して外国に旅行したこともあり、それは自分が厳しく禁止していたことだったと、マンデラは話している。裁判所に提出された声明書で、マンデラは結婚の破たんは、妻が暴行と誘拐の罪で有罪判決を受けたこととは関係ないといっている。妻はその件での無実を主張し、マンデラは妻を信じているといった。

ビゾスは自伝で次のように書いている。マンデラは収監されている間にウィニーに禁欲を求めるつもりはなかったが、慎重に行動するよう望んでいた。マンデラにとっては、ウィニーが平気でムポフとの関係を続けたことは許しがたかったのだ、と。

こうして、マンデラは大統領夫人がいないまま大統領任期のほとんどを過ごした。娘のゼナニは、彼の就任式ではマンデラの隣にいたが、その後、その役割はたいてい姪のロシェル・ムティララが果たしていた。

左：マンデラとウィニー夫人
上：ウィニー・マンデラと娘のジンジ

### ◆マンデラとグラサ・マシェル夫人

ウィニーとの離婚から2年後、マンデラはグラサ・マシェル夫人と結婚した。

　グラサ・マシェル夫人は1986年に夫と死別して以来、ひとりで暮らしていた。夫のモザンビーク大統領、サモラ・マシェルは飛行機事故で死亡していた。マシェル夫人はとても有能な女性で、女性と子どもの権利を主張し、ゲリラとしてトレーニングを受けた経験も、法律家としての経験もあり、多言語に通じ、子どももいた。1975年、モザンビークがポルトガルから独立すると、モザンビーク初の教育相として10年間を務めあげた。マシェル夫人は最初の夫に敬意を払って姓を変えないことにし、52歳でマンデラと結婚した。1998年7月、マンデラの80歳の誕生日のことだった。こうして彼女は、世界で初めて、2カ国の大統領と結婚した女性となった。

　マシェル夫人はマンデラに、彼の人生で最も尊い人間的な贈り物をした。愛し、愛される自由だ。マンデラは彼女を心から大切にし、マシェル夫人は彼を敬愛した。自分がマンデラの3人目の妻であること、彼の過去2度の結婚からは子どもも孫も生まれていることを考慮し、マシェル夫人は注意深く、上品に、慎み深く歩みを進めた。

グラサ・マシェル夫人は、マンデラとの関係をとても喜んでいるといい、『ワシントン・ポスト』紙に、ふたりはつらい体験の歴史を共有していると語った。「わたしたちは"必要なものなしで"過ごすのがどういうことなのかを知っています。ふたりでよく話すのですが、結局、わたしたちは幸運な人間だと思います。なぜなら、一生この体験を共有できずに終わる可能性もあったのですから」

マンデラが死を前にした数日間、家族が口論しているときも、マシェル夫人は超然としていた——彼女の心と魂は最後まで夫とともにあった。ウィニーもマンデラの臨終に立ち会った。純粋にマンデラを安心させるためだった。27年間、ウィニーこそがマンデラの心の支えだったのだ。

## マシェル夫人は超然としていた—— 彼女の心と魂は最後まで夫とともにあった。

写真：マンデラとグラサ・マシェル夫人

　マンデラ在任の5年間に新たに電気が通った件数や、貧しい人々のために建てられた家の軒数を数えるのは簡単だ。しかし、数や量でネルソン・マンデラ政権の成功のすべてを測ることはできない。

　どんな天秤を使っても測れないことがある。マンデラの偉業と人格が南アフリカ人の自己認識——そして南アフリカという国に対する世界の認識——に与えた影響は計り知れない。しかもその背景には長年続いた経済的貧困による、現実に極めて大きな物理的、心理的な欠乏があった。アフリカ民族会議（ANC）は、革命を目標とする南アフリカ共産党と深い関係にあったが、ANC が権力を握るころにはすでに自由な社会民主主義をめざすようになっていた。1990 年に ANC が合法化された背景には、東欧での相次ぐ革命とソビエト圏の解体があった。社会主義は守勢に回ってしまった。ANC の経済モデルはビジネス界を敵に回して資本を再分配するのではなく、ビジネス界を開発のテーブルに引き寄せて協力的なパートナーにしようというものだった。1994 年の選挙に向けた ANC の選挙運動の主軸となった復興開発計画（RDP）では、野心的な目標を設定して社会的、経済的開発を政権発足から5年以内に達成するとしていた。RDP によって貧困層に 100 万戸の住宅を無料で供給し、1万 9000 の学校、4000 の病院、住宅の3分の2に電気を通すとした。飲料水を1200 万人に供給し、少なくとも 30 万人分の新たな雇用を（農業部門以外で）創出し、農地の 30%を再分配するとした。RDP で 1955 年の『自由憲章』が約束したことを実現しようというのだ。選挙運動と並行して、マンデラ自身が率いる ANC の指導者たちは、国じゅうの商業関係者に会い、彼らの投資が脅かされないことを保障した。60% 以上の財界人が、1993 年 12 月の世論調査でマンデラを支持すると意志表明した。

　それまでの南アフリカ経済が残したもの（当時、南アフリカは世界のなかでの経済的孤立から抜け出そうとしていた）はそのまま残す。それを基盤とし、国の資源をうまく投資することで、政府は広範な利益のための経済成長を追求する。それは（富の再分配でなく）投資の再分配という考え方だった。マンデラはさらに、デレク・キーズを財務大臣として留任させることで、国外の財界人に南アフリカとの事業の安全性を保障した。キーズは産業界からデクラーク大統領が政府に招き入れた人物で、"ノンポリ"だといわれていた。

　RDP は比較的ゆるやかにスタートを切った。予算は厳しく、世界市場に乗り出すのは難しく、外国からの直接投資を誘致しようとしても思うような結果は得られなかった。1996 年、南アフリカ通貨の価値は 25% も急落した。政府は新たなマクロ経済政策を導入した。これが GEAR（Growth, Employment and Redistribution の略、"成長、雇用、再分配"の意）だ。GEAR のもとでなら政府は経済成長に集中でき、それによって確固とした経済の基盤をつくることができる。それは、RDP を実行に移すために必要なことである、と政府は説明した。しかし、多くの左派は国民優先の開発課題をなおざりにして右寄りになったと批判した。のちに歴史を振り返れば明らかになるだろうが、ネルソン・マンデラ政権下の南アフリカは RDP の目標を完全に達成することはできなかったものの、財政支出の方向を根本的に修正し、富めるものと貧しいもの（つまり白人と黒人）の間にある生活水準の溝を埋めようとしたのは間違いない。

プラス面をあげれば、約70万戸の家が建設され、無料で提供された。数百万の国民が、上水道、下水道、電気などのサービスを初めて受けられるようになった。黒人の子どもの義務教育が実施され、黒人教師と白人教師の給料は平等になった（一夜にして数十万人の黒人中流階級が生まれた）。医療の無償化の適用範囲は女性と子どもまで広げられ、新たな診療所が建てられた。そして、年金や助成金を受け取れる国民が増えた。

マイナス面としては、農地改革には気が遠くなるほどの時間がかかることが証明されつつあった。憲法でしっかり守られた財産権があるため、なおさら難しかった。売却希望者から土地を買い上げていては、高くついてしまう。いつの時代でもなおざりにされてきた農村部は、手つかずのままだった。ほとんどのサービス提供は大小の都市に集中的におこなわれたからだ。そして、南アフリカではHIVが蔓延していた。鼻先でそんなことが起こっていても、保健省はほとんどなにもできなかった。1993年、保健省の調査対象となった妊婦の4%がHIV陽性であり、6年後、その数値は22%にまで上がった。差別是正措置と黒人に経済力を与える政策のおかげで、黒人中流階級があらわれ、男女を問わず黒人実業家のなかには目覚ましい成功をおさめる人も出てきた。格差は相変わらず富める者と貧しい者の生活の質にみられ、ほとんどなくならなかった。

議会で演説する機会も残りわずかとなった1999年2月、マンデラは真実和解委員会の報告書に関する特別討論の開会のスピーチで、前途に待ち構える旅を次のようにまとめた。

「我々の歴史について共通理解を築き、国民が和解することは、全国民が協力して長期的に努力しなければたどりつけない目標です」マンデラはいった。「何世紀にもわたる多くの障壁を越えて手を差し伸べ合い、民主主義を確立したように、いま、我々はすべての多様性のなかで協力し合う必要があります。この国の歴史のなかでの体験や記憶は多様ですが、もろもろの障壁を乗り越え、分断から生じたものを根絶しなければならないのです」

「和解はその理想的な未来の中核にあります。その未来図のもとで何百万という人々が行動し、すべてを、自分の命さえも危険にさらして、アパルトヘイト政策や白人支配と闘ったのです。その未来図のもとで生まれた人種差別のない、民主的な統一国家が市民としての身分と権利と義務をひとりひとりの国民に保障し、国民の豊かな多様性を保証するのです」

マンデラの任期終了が近づいてきたときに、報道関係者に別れを告げる朝食会が開かれた。その席でマンデラは、自分はもう形式的な大統領で、本来の仕事は次第に副大統領のターボ・ムベキに任せるようになったと話した。自宅のあるクヌで過ごす時間を楽しみにしているといった。「ひっそりと暮らしを楽しむことができればうれしい」

> **「我々の歴史について共通理解を築き、国民が和解することは、全国民が協力して長期的に努力しなければたどりつけない目標です」**
>
> ——ネルソン・マンデラ

# パールの自由

　1996年10月、ネルソン・マンデラは、刑務所生活の最後の日々を過ごした町の名誉町民に選ばれた。

　パールはケープワインランズ地方では大きな町のひとつで、ケープタウンの北東、約60キロのところにある。南アフリカでは最も初期のヨーロッパ人入植地のひとつ（ケープタウンとステレンボッシュに次いで3番目）であり、アフリカーンス語\*の形成と密接に結びついている。パール山の斜面に位置するこの町のすぐ上方にはアフリカーンス語の記念碑がある。1975年に除幕されたこの記念碑は、アフリカーンス語が南アフリカ議会で公用語として——オランダ語とは別に——認められてから50周年を記念して建てられたものだ。その100年前、ハヌートスカップ・ファン・ラフタ・アフリカーナース（真のアフリカーナーの協会）がパールに設立されている。その目的はアフリカーンス語とアフリカーナーのアイデンティティを確立することだった。マンデラはパールに出向いて名誉町民権を受ける機会をむだにすることなく、アフリカーナーに彼らの言語が脅かされたりはしないことを保証した。アフリカーンス語で話し、ずばり要点を示したのだ。

　「我々の力関係の歴史と展開のせいで、この美しい言語は不公正と抑圧に結びつけられてしまいました。いまこそアフリカーンス語が成長と繁栄を遂げ、全国民の——深みのある、多様な国民の——言語となるよい機会です」

　「今日、アフリカーンス語の発生と形成に寄与したものは、過去に認められた説よりもずっと幅広く多彩だといわれています。しかし、歴史がどんなふうに書きかえられようとも、その発展に対するパールの画期的な貢献がその歴史から消えることはありません」

　いかにもマディバらしい。

\*アフリカーンス語は11ある南アフリカの公用語のひとつで、2001年の南アフリカ国勢調査によると、もっとも広く話されている母語のなかで第3位だった。上位を占めるのはズールー語（24%）、コサ語（18%）、アフリカーンス語（13%）、ソト語（9%）、英語（8%）である。

写真：マンデラが投獄されていた町、パールの名誉町民権を付与される様子

◆マンデラの退任

　どの国にも、どの時代にも、マンデラほど国民に心から愛され、尊敬された者はいないだろう。しかし、1期5年はあっという間に過ぎて、彼は"マンデラ前大統領"となり、南アフリカは現実に直面しはじめた。おとぎ話は終わりまできていたのだ。

　アパルトヘイトは津波がさらっていったわけではなく、レンガをひとつひとつ取り外すように解体しなければならなかった。レンガをひとつ取り除くたびに、壁をひとつ乗り越えるたびに、それがお祝いの理由になった。初の民主的選挙、憲法の制定、真実和解委員会といったホームランを放っただけでなく、マンデラは在任中に週単位で、ときには日々、多くのヒットを打ってきた。初めて成功した土地返還事例、サッカーのアフリカネイションズカップ初優勝、初の黒人主席裁判官、新しい学校や病院、新しい住宅、新しい図書館、新しい競技場や公民館。マンデラが国際的な賞を受賞するたびに、名誉学位を取得するたびに、どこかの街がマンデラに名誉市民権を付与するたびに、彼の名前を冠する道路ができるたびに、泥沼から抜け出たひとつの国家とその国民が認められ、称えられてきた。マンデラを船首像にした南アフリカはこれまで常に否定されてきたふたつのものを発見した。自尊心と希望だ。

　ここにきて、マンデラに休息をとらせたがらない者はいなかったが、不安が国内に広がっていった。1999年の選挙が近づき、マンデラは国じゅうを、そして世界を旅して引退を告げて回った。マンデラがあらかじめ決めておいた後継者は、ターボ・ムベキ。父、ゴヴァン・ムベキはリヴォニア裁判にかけられ、マンデラとともにロベン島に収監されたことがある。その息子、ターボは頭脳明晰で、その実力はアフリカ民族会議（ANC）の指導者として亡命中に証明されていた。また、5年間副大統領として、マンデラ政権の第一線で活躍した経験がある。1997年には、ムベキはANCの党首に選ばれていた。

写真：マンデラとターボ・ムベキ副大統領。ムベキはマンデラの後継者となった

### ◆引退を心苦しく思う

しかし、イエス・キリストが地上に舞い戻って南アフリカを率いない限り、マンデラのあとに続く者がだれであれ、停滞するのは目にみえていた。後継者に問題があるわけではなく、彼らがマンデラではないからだ。プレトリアでマンデラのお別れ晩餐会がおこなわれたのは 1996 年 6 月、ムベキ大統領が就任した日だった。その席でマンデラはいった。「すべての分野の南アフリカ人が手を差し伸べ合い、数世紀にわたる障壁を越え、外からみている人々がほぼ全員、避けられないだろうと考えた大殺戮を防ぎました。現在の政府の円滑な誕生を、世界じゅうが奇跡だと称賛しました……」

「我が国が成し遂げたことの一端を担い、この 5 年間を過ごしたことを、わたしはとても名誉に思います。国民の代表として、国民のみなさんが守り抜いた正義の名のもとに、任期をまっとうできて光栄です。一国家の役に立てたことはすばらしい経験でした。我が国は、どんなに絶望的に思われても、すべての紛争は平和的に解決できるという、世界の希望を回復させた国なのですから」

マンデラは次のように演説を結んだ。「わたしは引退する一方で、多くの人々がいまだに貧困と危険という苦労に耐えているのを心苦しく思います。しかしわたしはこれからの日々を満足して送ることでしょう。人々がこれほどまでに手を取り合うようになったのですから。社会的な違いや国境を越え、大陸や海を越えて、普遍的な人間性を発揮しようとしているのですから。その普遍的な人間性の名のもとに、我々はともに長い道のりを歩み、きょう、ここにいるのです」

そして、彼は去っていった。しかし、遠くにはいかなかった。

# 議会のゲート越しのあいさつ

南アフリカ共和国議会での日常的な風景。

「マンデラは大統領在職中、ケープタウンにいるときには、ほぼ毎日来客の応対をしていました。外国の大統領や王族の来訪があり、芸能界やスポーツ界のスターが訪れ、また地域社会の代表者が地元の関心や懸念を話しにくることもありました。会見が終わると、マンデラと来訪者が外に出てきて、写真撮影をさせてくれました」

「議会の大統領執務室はガヴァメント・アヴェニューからよくみえました。この通りは大きな歩行者専用の道路で、町の中心に位置する古い会社の庭（もともとはオランダからの入植者が造った庭）を通っています。マディバが外に出ていると、通行人は立ち止まり、マディバは彼らに手を振ったものでした。どうしてそんなことがはじまったのか定かではないのですが、いつからかマディバは来訪者をつれていき、ゲートの外の人々に紹介するようになりました」

「『こちらのシドニー・ポワティエさんは、とても有名なハリウッドスターなんですよ』といった具合に」

「『この方はヤーセルおじさんですよ』と、パレスチナ解放機構（PLO）の指導者ヤーセル・アラファトをフェンスの外にいる生徒たちに紹介することもありました。『おじさんはいまではすごいリーダーです。いつもきちんと宿題をやっていたからです。きみたちは、宿題をやっているかな？』」

「マンデラは常に自分ではなく、ほかの人に注目してもらおうとしていました」

——ベニー・グール（フォトジャーナリスト）

第 **8** 章

# 引退生活

# ツツとマンデラ

1999 年 10 月、米国アトランタのツツ家にて。

「1999 年、わたしはめったにない機会に恵まれ、マディバを南アフリカ国外で撮影することができました」「わたしたちはアメリカのアトランタにいるツツ大主教を訪ねることにしました。彼は真実和解委員会の仕事を終えた後、アトランタで教鞭をとっていました。大主教は前立腺がんの手術を終えたばかりで、わたしたちは彼のお見舞いにいったのです」

「マディバはアトランタにいて、カーター・センターでの会合に出席することになっており、ツツ夫人はわたしたちに、マディバが大主教に会いにくると教えてくれました。翌朝、少し早めに到着すると、ツツ家にはシークレットサービスみたいな人が大勢いて、ツツ家に招かれていたわたしたちに、通りの反対側にいけといいました。マディバの車列が到着すると、彼はまずわたしたちを呼び寄せてあいさつしました。ツツ夫人と大主教は、少し疲れているようでした。まだ手術からそれほど日がたっていないせいでしょう。ふたりは外へ出てきて、マディバをぎゅっと抱きしめました」

「何枚か写真を撮った後、わたしたちもいっしょに並び、護衛のひとりに頼んでアルバム用に写真をとってもらいました」

──ベニー・グール（フォトジャーナリスト）

上：本書の著者、ベニー・グール（右）とロジャー・フリードマン（中央）。
デズモンド・ツツ、リア・ツツ夫人、マンデラとともに、アトランタにて

　　　　ルソン・マンデラは大統領の職を退いても、活動をやめなかった。予定は詰まっていて、相
　　　変わらず休む間もなかった。マンデラの個人的なプロジェクトに、民間企業を説得して農村
部に学校を建てさせるというものがあり、それが本格的に動いていた。それにマンデラは、HIV と
エイズのことでやり残したことがあると感じていた。

　退任は予定されていたにもかかわらず、いざそのときがくるとマンデラは茫然としてしまったら
しい。彼の首席補佐官、ジェイクス・ヘルヴェル（マンデラ政権の閣僚のひとり）がのちに冗談で
こんなことをいっている。「ボスったら退任した翌日に電話してきて、どこに出勤したらいいかとた
ずねたんだ」

　著書『ネルソン・マンデラ　私の愛した大統領──秘書が見つめた最後の 19 年』で、マンデラの
秘書を長年務めたゼルダ・ラグレインジは、ネルソン・マンデラ財団の最初の事務所をヨハネスブ
ルグの北、ホートンにあるマンデラの古い家で立ち上げたことを書いている。大統領を退任してす
ぐのことだったという。ヘルヴェルが事務所の規約の草案をつくり、財団の信託証書が作成され、
資金の準備が進められた。この資金をもとに、マンデラは学校の建設と HIV 対策の仕事を続け、意
見交換を続けられることになった。そして将来的には、実際に建物を用意し、マンデラの生涯にか
かわる資料を保管することも考えていた。

　「大統領が退任すると大混乱になり、すぐに全世界がマンデラ大統領を求め、どうにかして彼の力を借りて自分たちの目的を果たそうとしました」と、ラグレインジは書いている。5年以内に、財団はマンデラをサポートする事務局から世界に名を知られる団体へと発展し、重大な社会正義の問題を扱うようになった。HIVの領域では、財団は主要なHIV研究に重点を置き、46664・HIV・エイズ・グローバル・アウェアネス・キャンペーンの立ち上げに主導的な役割を果たし、エイズに関する意見交換と治療法の開発に多大な貢献をした。

　フォートヘア大学および東ケープ州の教育局とともに、財団は政策シンクタンクを設立し、農村部の学校や開発の問題に取り組んだ。

　また、アフリカの開発について重要な意見交換の場をもうけ、年に1度、連続講演会を開催することとなった。2003年、第1回目の講演が前アメリカ大統領のビル・クリントンによっておこなわれ、記念館をつくることに着手した。

　これらすべてを、マンデラ事務所はおこなった。

左：ネルソン・マンデラ財団での会合に出席するマンデラ
右頁左上：財団での展覧会をみている様子
右頁左下：秘書のゼルダ・ラグレインジと
右頁右：財団にて、ターボ・ムベキと

写真：ネルソン・マンデラ財団のロビー

#### ◆ネルソン・マンデラ子ども基金

　ネルソン・マンデラ財団は、彼の名を冠した3つの組織のうちふたつ目にあたる。3つの組織はどれも、人と社会の発展におけるさまざまな側面でマンデラが特に大切にしていたものに取り組む任務を負っていた。1995年、マンデラはネルソン・マンデラ子ども基金を設立し、大統領として受け取る報酬の3分の1を寄付した。基金は当初、苦しい状況にある子どもや若者への人道的な援助をおこなうための助成金を提供していたが、のちにはもっと主体的に開発に取り組む役割を担うようになった。子ども基金の公式な開所式の席で、マンデラは彼の開発への取り組みを定義づけることとなる、あの有名な言葉を述べた。「社会の実態を知りたければ、子どもたちがその社会でどう扱われているかをみればいい。それ以上に正確に社会を映すものはありません」

　「わたしたちは過去に、この国の子どもたちの命がさまざまな意味でないがしろにされたり奪われたりするのを目の当たりにしてきました。南アフリカ全土でひとつの世代が虐待された、しかも彼らを保護すべき社会に虐待された、といっても過言ではありません。ですから、新しい南アフリカをつくりはじめているいま、最優先すべきことのひとつは、子どもたちでなければなりません。わたしたちの指針となる新たな社会の展望は、おのずと明らかになるはずです。それは、わたしたちが子どもたちにひどいことをしてきた事実に向き合い、彼らの未来を整えていく過程でみえてくるでしょう。わたしたちの行為や方針、そしてわたしたちがつくる団体は、思いやりと敬意と愛に満ちていなければなりません」

　「これは本来、国をあげておこなうべきことです。主な責任の担い手は政府、諸機関、市民団体です。しかし同時に、国民全員が、ひとりの人間として、必要な変化を起こすための方向性を示し推進力となることが求められています。わたしたちは行動することで表明しなければなりません。実

際的で模範となるかたちで、この問題の重要性と緊急性を表明するのです」

「このような考えを実現したくて、ネルソン・マンデラ子ども基金を設立しました。この基金は、わたし自身を含め、みなさんが直接貢献するための手段を提供します。支援を必要とする子どもたちの苦難をやわらげるために、なにかできるように」

「社会の実態を知りたければ、子どもたちがその社会で
どう扱われているかをみればいい。それ以上に正確に
社会を映すものはありません」——ネルソン・マンデラ

左：ネルソン・マンデラ子ども基金での誕生日会
上：ネルソン・マンデラ子ども基金の支援を受ける子どもたちと

### ◆マンデラ・ローズ財団

　マンデラと目的を同じくする人々の設立した３つ目の組織、マンデラ・ローズ財団もまた、若者と教育に関係するもので、マンデラとローズ奨学金基金とが共同で設立した。ローズ奨学金基金は有名なローズ奨学金を提供する団体だ。マンデラ・ローズ財団は 2004 年、最初のマンデラ・ローズ奨学金を授与した。対象者は明確で、アフリカ人の若者で指導者の素質のある者としている。多くの南アフリカ人が、マンデラの名を〔セシル・〕ローズの名に加えるのに疑問を持った。ローズは悪名高い入植者実業家であり、鉱山王であり、ケープ植民地の首相を務めた人物だからだ。しかし財団を立ち上げるにあたって、マンデラはこの提携は妥当だと考えた。ローズ奨学金基金がいま「どのようにしてその富を手に入れたかを考え、その富を還元」するのは望ましいことだからだ。

左：マンデラ・ローズ財団の本部
上：マンデラ・ローズ財団の CEO、ショーン・ジョンソン
下：マンデラ・ローズ財団のロゴを背景に

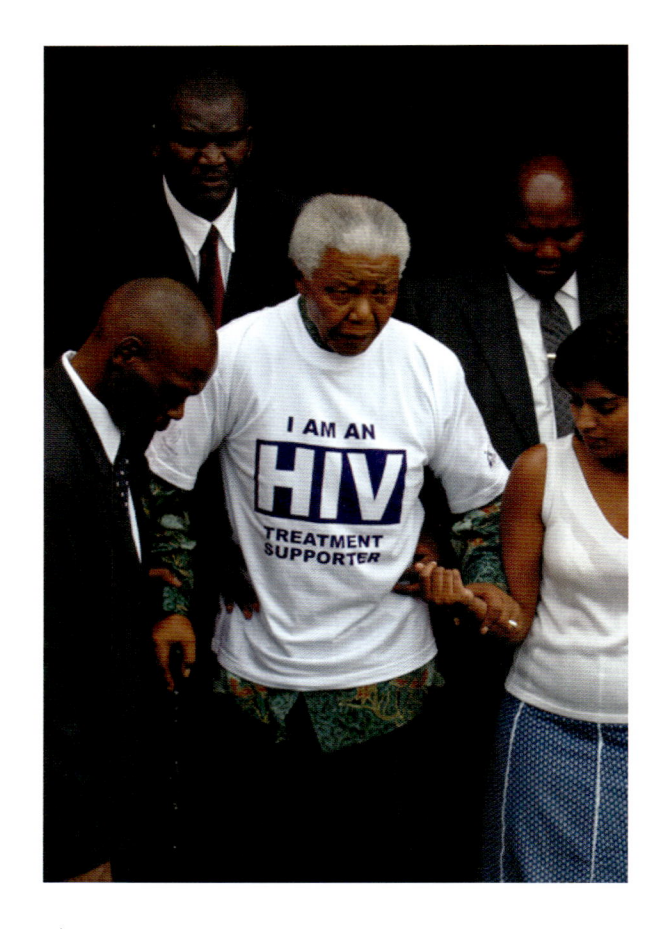

### ◆活動は続く

　ネルソン・マンデラは引退後、HIV とエイズの分野にもいくつか貢献した。これらの大流行に関しては、大統領在任中にもっとできることがあったのではないか、という批判があった。その批判を真摯に受け止め、マンデラと財団はあっという間にこの分野で指導的役割を果たすようになり、知識を得て広め、HIV とエイズの否定的なイメージを払拭し、予防と治療の推進者となった。マンデラらしく、いったんこうと決めたら前進あるのみだった。彼はほかのものが踏み入れるのを恐れる領域に平気で足を踏み入れ、「HIV 陽性」と書かれた T シャツを着て、"よき指導者は先頭に立つ"と宣言する帽子をかぶった。帽子は特に、後継者のターボ・ムベキへの批判だった。ムベキは、エイズ否定論者だと大勢から批判されていたが、そうでなかったとしても問題を極端に先送りした罪は大きい。

　南アフリカの HIV への対応は優柔不断で非常に政治的だった。エイズウイルスが急速に広がるなか、国は新たに生まれ変わることに重点を置かなくてはならなかったという言い訳は通用しない。1990 年、モザンビークで南部アフリカの保健衛生に関する第 4 回国際会議が開催された。会議に出席していたクリス・ハーニは、「エイズの蔓延に我々の夢の実現を阻ませるわけにはいかない」と警鐘を鳴らしている。1994 年の選挙の後間もなく、南アフリカは国家エイズ計画を採択したが、さまざまな要因が重なり、この計画はとん挫した。そして、政府主導のエイズ対策に対する国民の信頼も損なわれた。民主化以来最初に知られることとなった不祥事はエイズ関連だった。1995 年、保健省は有名な南アフリカ人脚本家に委託し、エイズ啓発のための演劇『Sarafina! II（サラフィナ！

Ⅱ）』を若者向けに制作することを決めた。ところが、資金をめぐる不祥事が発覚したり、内容が不適切だと批判されたりして制作は難航した。マンデラはのちに「ニューヨークタイムズ」紙に、『Sarafina! Ⅱ（サラフィナ！Ⅱ）』は自分の政権がおかした最大の過ちのひとつだと話している（マンデラに批判的な人々は、彼がこのとき関係者に責任を取らせなかったために、政府は腐敗しはじめたといっている）。

　『サラフィナ！』スキャンダルが落ち着くかと思うと、今度はのちに「ヴィロディン」スキャンダルとして有名になる事件が起こった。ヴィロディンは、南アフリカ人の手でエイズ治療薬のひとつとして開発され、人体実験が無認可でおこなわれ、研究者はその結果を直接政府に提出していた。ところがヴィロディンはその後、HIVのようなレトロウイルスへの効果はまったくないことが確認され、市場から回収された。政府がこの薬の製造にどのような役割を果たしたのか、十分な説明はされなかった。1998年、安全性と有効性が立証された初の抗レトロウイルス薬、AZTが誕生した。しかし、その導入は９つある南アフリカの州のうち８州で認められなかった。理由は値段が高すぎるためだった。

　政府がAZT導入を見送ったことで、重要な市民団体が設立された。ザッキー・アハマット率いる治療行動キャンペーン（TAC）だ。TACもアハマット自身も、南アフリカの代表的な存在となり、HIVを抱えて生きている人々の権利を代弁するようになった。彼らは、世界の製薬会社を相手に予防薬を提供させようと運動し、南アフリカ政府の優柔不断を批判した。

写真：南アフリカ政府がHIV感染患者の治療に二の足を踏んでいるとき、マンデラ前大統領が指導的立場に立った

　しかし、南アフリカ人が何千人も死亡しはじめると、ムベキと保健相のマント・チャバララ゠ム
シマンは強硬に、AZTには重大な副作用があるといい張った。副作用のほうが死よりも怖ろしいと
いわんばかりだった！　チャバララ゠ムシマンはAZTよりも、栄養価の高いものを摂取することが
重要だとし、特にビーツ、ニンニク、レモンを推奨した。

### ◆HIV治療の献身的な活動家

　2002年頃、ザッキー・アハマットは、政府にもっとも煙たがられる人物と公認されてもおかしく
なかっただろう。彼が代表になっている治療行動キャンペーン（TAC）は、たびたび国を相手取っ
て訴訟を起こしていたし、彼が公に国のエイズ対策を酷評するおかげで政府は国際的に大恥をかい
ていた。そのうえ、アハマット自身HIV陽性で、抗レトロウイルス薬による治療を受ける経済力が
あるにもかかわらず、治療を拒否した。治療費を工面できずに死んでいく人々がいるのに、自分が
治療を受けることはできないというのだ。

　アハマットの体調が非常に悪化していたとき、マンデラは時間をつくってケープ半島にある彼の
自宅を訪れた。訪問の目的は、アハマットに治療を受けるよう説得することでも、政府に恥をかか
せるのをやめろというためでもなかった。マンデラはアハマット支持を表明するために見舞い、報
道関係者を同行し、世界に彼の支持が広く知られるようにした。「HIV陽性」と書かれたTシャツ
を着て（アハマットが抗レトロウイルス薬の使用をはじめたのは、そうした治療薬が全国的に提供
されるようになってからであり、のちに彼は、ノーベル平和賞候補となった）。

　マンデラが精力的に活動する一方、HIVプログラム運営スタッフはネルソン・マンデラ財団が、

円滑にものごとをすすめ、マンデラの名声を調整手段として利用し、重要な利害関係者をひとつにまとめられるようにした。HIV 対策が政治的に利用されるのを恐れず、彼らは政府の部局や NGO、そして国内外の資金提供機関と協働した。2002 年、財団は血清陽性率（血液検査をおこない家族の人数中、なんらかの疾患に陽性反応を示した人数を明確にしたもの）の世帯調査の結果を発表し、理解を深めるために場合によっては再調査を委託した。2005 年 12 月 1 日の世界エイズデーに、財団は 2 度目の世帯調査の結果を発表した。

　財団はまた、南アフリカ初のエイズ患者診療所を都市部と農村につくるのにもひと役買った。都市部では（ツェパン基金および南アフリカ医師会と協働して）ケープタウンの GF ユースト病院に、農村部では（国境なき医師団と協働して）トランスカイのルシキシキに。

写真：当時の重要なエイズ活動家、ザッキー・アハマットを見舞うマンデラ

　エドウィン・キャメロンは南アフリカの憲法裁判所の裁判官であり、エイズ活動家でもある。彼はエイズに関する全国大会で共同司会を務めたことがあり、ムベキがエイズに関してなにもしないことにもっとも批判的な人物のひとりだった。アメリカ PBS テレビの番組『フロントライン』のインタビューで、2013 年、彼は次のように述べている。「マンデラが大統領になったとき、国内は複雑な状況でした。エイズが大流行するのはすでに明白で、アフリカ民族会議（ANC）内には HIV との闘いが重要だという共通認識があったにもかかわらず、消極的な否定論が広まっていたのです」

　「それは［ターボ・］ムベキ大統領が 5 年後に持ち出すイデオロギーに基づく"否定論"ではありません。そうではなく、不安を軽減しようとする心理的なメカニズムとしての"否定論"です。まずいことになっているのはわかっているけれど、ほかに対処しなければならないことがある、という……」

　「間違いなく、マンデラ大統領はいい気になっていました。世界じゅうからちやほやされて興奮し、陶酔し、心ここにあらずの状態でした。スパイス・ガールズが南アフリカにきたときのことを思い出します。あのとき、わたしは苦い思いをかみしめながら、口を閉ざしていましたが、"マンデラ大統領はスパイス・ガールズの相手ばかりしていて、エイズのことは二の次か！"と考えていました。（中略）」

　「彼が非常に重要なことをしたのは、大統領を退いてからです。彼は 2001 年に心を決め、エイズの病因と治療の重要性について声をあげたのです」

　「彼が一歩踏み出してエイズに関して発言したことは、計り知れないほど重要でした。2002 年の議会の会期前、彼はネルソン・マンデラ保健衛生人権賞の授与式でスピーチをし、母子感染予防（PMTC）の重要性について話しました。まさにそのころ、ムベキ政権は治療行動キャンペーン（TAC）に訴えられていました。政府が——否定論に基づいて——HIV 陽性の母親に PMTC をおこなうのを拒否していたためです。マンデラがそのタイミングで発言したのは非常に大きな意味がありました」

　「マンデラがとった非常に決定的な行動は実にすばらしい。（中略）ただ、彼があと 7 年早くそうしてくれていたらよかったのですが」

> 「彼が非常に重要なことをしたのは、大統領を退いてからです。彼は 2001 年に心を決め、エイズの病因と治療の重要性について声をあげたのです」
> ——エドウィン・キャメロン裁判官

写真：エイズ活動家としての道を歩むマンデラ

### ◆息子を喪う痛み

　2005年、ネルソン・マンデラの次男マハトは54歳でエイズで死亡した。息子の死因を報道関係者に発表し、86歳のマンデラはいった。「HIVとエイズについて隠すのではなく公表させていただきたい。そうしなければ、エイズはふつうの病気とはみなされないでしょう」

　どん底にあっても、マンデラは自分の悲しみを利用して、エイズの大流行を巡るタブーや否定的イメージと闘い、自身に当てられたスポットライトをほかの人々に向けようとした。当時、多くの人々がエイズで亡くなっていたが、大抵の場合、死因はエイズ以外ならなんでもよく、肺炎や糖尿病、自然死とされることさえあった。マンデラの孫マンドラは、クヌでの父親の葬儀の際、前年に亡くなった母親の死もエイズが関係していたと公表した。マンデラは襟元に、赤いエイズリボンをつけ、妻のグラサ・マシェル夫人の隣にすわっていた。自伝『自由への長い道』でマンデラは、マハトの兄、テンベキレの死を、マハトからの電報で知ったときのことを書いている。

　「わたしは房に戻り、ベッドに横になった。どれくらいそのまま横になっていたかわからない」と、マンデラは回顧している。「どれくらい時間がたっただろう、ウォルター［・シスル］がきて、わたしのベッドわきにひざをついた。わたしは彼に電報を渡した。彼はなにもいわず、ただわたしの手をとった。ウォルターがどれくらいそばにいてくれたかわからない。男がそんなときに友人にかけてやれる言葉など、ありはしない」

### ◆マンデラ家の首長

　ネルソン・マンデラの次男マハトは、マンデラ家の首長を継ぐことになっていた。その前の首長はネルソンの父、ムパカニスワ首長で、1920年代のことだった。そのため、ネルソンにその地位を返そうという話が、釈放後に持ちかけられた。しかし、彼はそれを辞退し、国政に専念することを選んだ。

　テンブの伝統的な指導者は家父長制で、その地位は父から息子へ引き継がれる。したがって、マハトが次の後継者だったが、彼はヨハネスブルグで欧米風の生活を送り、銀行員として働いており、家族のルーツであるムヴェゾに帰るつもりはなかった。慣習的には、次の首長はマハトの長男、マンドラ（1974年生まれ）になる。ネルソン・マンデラは、（祖父であることは別にして）彼とは特に親しい間柄だった。マンドラは祖父を刑務所に訪ねたことがあり、祖父の釈放後はいっしょにヨハネスブルグのハウトンにある祖父の家で暮らした。それはネルソン・マンデラにとっては珍しく、比較的おだやかな生活を送り、子どもたちと郊外で過ごす機会となった。マンドラはソウェトの母と祖母のもとで育ち、スイスの学校で1995年まで学び、その後ヨハネスブルグに戻った。祖父の強いすすめでローズ大学に通い、政治学の学位を修めた。

　マンドラが関心をもっていたのは政治、農業、農村の開発——そしてテンブ族の歴史だった。彼は明らかに伝統的な指導者の地位を受け継ぐ候補者で、祖父マンデラはそれを王に提案した。こうして、マンドラ（当時32歳）はムヴェゾ伝統評議会の長となった。彼を首長につけたのはテンブ人

の王、ズウェリバンズィ・ダリンディエボ。2007年4月のことだった。南アフリカの憲法は伝統的な法とならわしを保護している。首長たちが率いる伝統評議会の委員たちは、共同体の諸事の運営や争いごとの調停にあたり、伝統的指導者議会が政府に助言する。マンドラは、首長になるとき、一族のなかで暮らし、一族の助けとなって、これから直面する社会的困難を克服することを約束した。「王家と一族の長は、現在進行中の国の民主化において大きな役割を果たしています。わたしは首長を継ぐことで祖父の足跡をたどる機会をいただきました。心から感謝しています」

ウベコ（塗油式）と呼ばれる儀式の後、マンドラはズウェリヴェリレ首長（"国家の出現"の意）の名で呼ばれるようになった。この名前は1993年、彼が成人の儀式で与えられたものだ。2009年、マンデラはズウェリヴェリレ首長を連れてアフリカ民族会議（ANC）の集会に出席した。集会は、クヌからほど近いところでおこなわれた。選挙の結果、ズウェリヴェリレ首長はANCから国会議員に指名された。首長は母ノルサポをムヴェゾの首長代理とし、国政に忙しいが、現在も共同体の福祉に大きな関心をもっている。

ズウェリヴェリレ首長はその後、結婚の問題や、家族の墓地を移動したときの問題など、何度か法的な問題を起こしている。そして2015年には、街なかで男性に暴力を振るって有罪になっている。いさかいの原因は、双方の車を巡るものだった。これらの問題のせいでズウェリヴェリレ首長の多くの長所は見逃されがちだが、さまざまな場面で彼の言葉や行動は不思議なほど祖父を思わせるものがある。

左：マンデラと孫のマンドラ。マンドラはのちにムヴェゾのズウェリヴェリレ首長となる
上：マンデラは祖父と同じく子ども好きだった

# よき指導者は先頭に立つ

南アフリカ各地にて。

「大統領を退任した後、マディバは次第にいら立ちを募らせていきました。HIV の治療薬は、それを必要とする多くの人々には入手できない状況だったからです。彼がとりわけ心を痛めていたのは、エイズの蔓延が子どもたちに大きな影響を及ぼしていることでした」

「マディバが大統領を退く直前に、わたしは機会にめぐまれ、彼がクワズールー・ナタール州の孤児たちに接する姿を撮影しました。その日、彼はとても感動していました」「2002 年と 2003 年、わたしたちはネルソン・マンデラ財団のマルチメディアの制作にかかわり、マディバとともに国内各地を旅して回りました」

「その旅は、クヌからはじまった "よき指導者は先頭に立つ" というキャンペーンの一環でした。そのときはじめて、わたしはマンデラが子どもたちをひざに乗せて抱いているのを目にしました。彼はそうやって、世界にみせていました。HIV 陽性の子どもたちには愛が必要で、それはほかのすべての子どもたちと変わらないのだと。そうやって、HIV 陽性の子どもに対する悪いイメージを打ち破ったのです」「わたしたちはルシキシキにもいき、農村部では初めての HIV 治療プログラムがはじまるところに立ち会いました。その旅は、マンデラ大統領に同行したのとはまったく違い、宣伝活動はほとんどなく、役人もほとんどいませんでした。マディバと財団のスタッフと警備チームだけで、政府の関与をうかがわせるものはほとんどみられませんでした」

「マディバは 2002 年の世界エイズデーをブルームフォンテインで過ごしました」

——ベニー・グール（フォトジャーナリスト）

◆マンデラの学校

　ネルソン・マンデラ財団の農村学校開発プログラムは、マンデラのお気に入りのプロジェクトで、経済界の面々に、公共サービスの行き届かない農村に学校を建設するよう呼びかけるものだった。農村では学校が不足していたが、成功したビジネスには資金があった。そして、教育を受ける機会と貧困との間には切っても切れないつながりがある。

　マンデラの交渉には説得力がある。マンデラからの要請に「ノー」といえる者はほとんどいなかった。マンデラ政権は新しい学校を驚くほどの勢いで建設していたが、マンデラの人格の力が加わればそれだけ、農村の子どもたちは早期に、自由という果実を味わう機会にめぐまれる。いわゆる“マンデラの学校”は国じゅうであっという間に増え、教育局が、完成する学校を追いかけるようにして公立学校制度に組みこむこともあった。これらの学校のなかには、マンデラの大統領退任時に建設途中だったものもあれば、まだ建設がはじまっていないものもあった。マンデラの財団は責任をもって継続中の事業を管理することになった。財団は最終的には、複数ある農村の教育関連の企画をまとめ、“農村学校開発プログラム”とした。

　この分野でも、HIV プログラムのときと同様、財団の役割は対話と知識の普及を円滑に進め、政策討論に寄与することだった。2004 年、財団は重要な研究報告書を刊行した。南アフリカ農村共同体における教育を取り上げた、『Emerging Voices（立ちあらわれる声）』だ。その頃には、140 以上の“マンデラの学校”ができており、財団は力を入れて教育と貧困との関係について理解を広めようとしていた。この報告書は農村の教育において、財団と教育局との協力関係の礎となった。

　2007 年、マンデラはネルソン・マンデラ教育・農村開発研究所を立ち上げた。彼の母校、フォートヘア大学を拠点とし、農村部の教員を実際の調査に基づいて育成するという構想をもっていた。

> いわゆる “マンデラの学校” は国じゅうであっと
> いう間に増え、教育局が、完成する学校を追いかける
> ようにして公立学校制度に組みこむこともあった。

写真：マンデラが唯一、子どもへの愛情以上に情熱をそそいだものは、教育だったといえるだろう

　ネルソン・マンデラ財団は非常に有意義な貢献をした。HIV の理解、予防、治療に関してもそうだし、学校の建設や農村の教育と貧困についての知識を深めることにも尽力した。その財団の心はネルソン・マンデラ記念館にある。

　記念館はマンデラの手で 2004 年に除幕された。開館式では、もと刑務所職員のドナルド・カードが、マンデラ直筆のノートのうち 2 冊を返還した。何年も前に没収されたものだ。この 2 冊が記念館の最初の収蔵品になる、とマンデラはいった。南アフリカの歴史の大きな特徴は、あまりにも多くの忘却だ、と彼はいう。

　「忘却。それは強者の役に立ち、弱者から奪いました（もちろん、忘却には別のかたちもあります。ずいぶん年老いて、近頃わたしは物忘れとうまくつき合わざるを得なくなってきました）。民主主義を築き、広めるにあたって難しいことはありますが、そのひとつは若い世代にきちんとわかっていてもらうことです——わたしたちのルーツを、わたしたちがいかにして抑圧という桎梏を打ち砕いたか、そしてわたしたちがどのようにすべての人の自由と尊厳への旅を追求したかを」。財団は収集できるものを片っぱしから集め、収蔵品の管理と拡張という、多くの従来型の記念館の手法をとらなかった。それより、長い年月をかけて財団のアーカイヴに膨大なバーチャル資料を収集した（現物資料のコレクションも増加しているが、その重要性は二次的だ）。財団が使命としたのは、確認できるすべての実物資料の所在を把握することだった。マンデラが過去に書いた手紙のひとつひ

とつ、すべてのスピーチ原稿、彼が公に発信したものすべて、膨大な写真、インタビュー、映像資料……。これらの資料は、実物は世界じゅうの資料館や個人の手もとにあるが、これまでに整理され、財団のウェブサイトを通じてアクセスできる重層的なポータルに公開されている。

　ネルソン・マンデラ記念館はまた、展覧会の企画を委託したり、自館で企画したり、ほかでの企画展を開催したりしている。マンデラの存命中、展覧会は一般公開されなかった。記念館は、その後、改築されてより利用しやすくなった。開館当時、マンデラは展示の内容に大いに関心を示した。当然といえば当然だが、初期の展覧会には、マンデラにもっとも近しい友人であり同志であるウォルターとアルバティーナ・シスル夫妻をしのぶ展覧会もあった。それから、かつて同志だったがのちに政敵となったロバート・ソブクウェに関する展覧会も。ソブクウェはアフリカ民族会議（ANC）を離れ、パンアフリカニスト会議（PAC）を結成した人物であり、彼だけが、刑期を終えた後も生涯にわたり、ロベン島に収監された。政府はのちに"ソブクウェ条項"と呼ばれる遡及法を可決し、彼を拘束し続けたのだ。マンデラは、ソブクウェは忘れられてはならないと思っていた。

左：マンデラとグラサ・マシェル夫人が『マンデラ-ローザ・パークス』展を観覧する様子。クヌのネルソン・マンデラ博物館にて
上：記念館で活動するマンデラ

**◆46664**

　ネルソン・マンデラがロベン島刑務所に入所したのは、リヴォニア裁判後の1964年だった。そのとき彼は、1964年入所の466番をあらわす466/64という番号を与えられた。1982年、ポールズムア刑務所に移送されたときに与えられた番号は220/82だった。マンデラのロベン島刑務所での番号を掲げ、世界じゅうのアーティストやミュージシャン、活動家たちが力を合わせてHIVとエイズについての理解を訴える活動をした。

　この活動の1回目が2003年11月、ケープタウンでの46664コンサート、2回目が2005年、ジョージ（ケープタウンの450キロほど東）でのコンサートだった。その後のイベントはどれも世界的に有名なミュージシャンが参加し、スペイン、ノルウェー、イギリス、ヨハネスブルグで開催された。

写真：46664 コンサートを楽しむマンデラ。南アフリカのジョージにて

# 和解と6区

「2003年の終わり頃、マンデラのスポークスマンを長年務めた（マンデラ政権下では司法大臣を務めた）ダラー・オマールが、重要な人権賞の受賞候補としてEUに指名されました。これは胸を打つものでした。というのも、オマールはがんに侵されており、死の床にあったからです。同僚のベニー・グールとわたしは依頼を受け、オマールについてのマンデラのメッセージを撮影することになっていました。わたしたちは、ケープタウンのビショップスコートにあるマンデラ家で、マンデラを撮影しました。その件とは別に、わたしたちの会社は、懸案だった土地の返還を祝う会を6区で企画する、という仕事にかかわっていました。"長老たちの帰郷"という式典です。わたしたちはオマールについてのメッセージの撮影が終わると、マンデラに式典への出席をお願いしました。そのとき、いっしょにいたのは秘書のゼルダ・ラグレインジだけです。式典への招待に対する彼の返事は、わたしたちがマンデラと接してきたなかでも特に考えさせられるものでした。

『デクラークを招きましたか？』と彼はたずね、わたしたちは『ノー、マディバ』と答えました。彼もそれは予想していたでしょう。こういわれました。『そもそも6区の人々を故郷から強制退去させた責任は、彼より前の時代の国民党員たちにあるはずです』。ゼルダがマンデラの退室を手助けしていましたが、彼は立ち止まってわたしたちにいいました。『わかっていないのですか、デクラークが勇気をもって国の変革をおこなったことを。どれほど危険かを承知でなしとげたことを』

政治家としてのマンデラはよくデクラークについて好意的なことを公の場で口にしていましたが、このときはプライベートの場でした。わたしたちはしっかりしかられて、マイクやライトの片づけに戻り、彼は部屋を出ました。マンデラが式に到着すると、興奮した祝賀会の参加者にもみくちゃにされました（6区は人々の苦悩がきざまれた土地で、大都市の端に位置します。1960年代の白人居住地区指定の際に家々が壊され、住民は強制退去させられました。"長老たちの帰郷"は、この地区の新しい家に入居した、かつての6区住民の最初の帰郷を祝う式典でした）。

マンデラは痩せたようでした。『ここでみなさんにカギをお渡しできることをとてもうれしく思います。どうぞ平穏で落ち着いた暮らしを』と、彼は年老いた帰還住民たちにいいました」

——ロジャー・フリードマン（ジャーナリスト）

これから起こることを示すかのように、人々が「ビバ、マンデラ！」と叫ぶのに応えて、彼はいった。「多くの人々が、もうわたしの言葉などききたくないといいます。いまではわたしは過去の人ですから、それを受け入れなければ……」——ネルソン・マンデラ

上：ひとときをともにすごすゼルダ・ラグレインジ、マンデラ、ロジャー・フリードマン、ベニー・グール
下：6区を強制退去させられた人々の帰郷をうれしそうにみるマンデラ

「刑務所に戻りたいと思うことがありました。
その理由のひとつは、読書をしたり、考えたり、
静かに内省したりする機会が釈放後はほとんど
なかったからです。今後はほかのこともしつつ、
もっと読書や内省の機会を増やすつもりです」

——ネルソン・マンデラ

◆こちらから連絡するので、連絡は控えていただきたい

　2004年6月1日、ネルソン・マンデラはメディアや親交のある人々をともにネルソン・マンデラ財団に集めて、引退生活からも引退すると宣言した。「もうすぐ86歳になります。ここまで長生きする人はなかなかいません」

　「刑務所に戻りたいと思うことがありました。その理由のひとつは、読書をしたり、考えたり、静かに内省したりする機会が釈放後はほとんどなかったからです。今後はほかのこともしつつ、もっと読書や内省の機会を増やすつもりです」

　マンデラはすべての活動をやめるつもりはなかった。ただしこれからは、出席したい催しがあれば自分から連絡することにし、指名されてイベントに出向くのはやめるようにしたいとのぞんでいた。

　経済界があまり残念がらないでくれるといいのだが、といい、出席したいと思うような催しがあれば連絡すると約束した。

　「こちらから連絡するので、連絡は控えていただきたい」と彼はいった。

左：休息をとるマンデラ
上：引退してくつろぐマンデラ

## ◆そっと消えていく

ネルソン・マンデラは、ほとんど公の場に姿をあらわさなくなった。

彼はそれでも何度か外国に出かけるつもりでいた。そのうち1度はノルウェーのトロムソでの46664コンサートだったが、移動は次第に負担が大きくなっていた。慢性的なひざの問題を抱えていたし、冗談めかして物忘れがひどいといった、あの記念館の開館式での話は半分本気だったのだ。

2005年、"貧困を過去のものにする運動"立ち上げの際、ロンドンでのスピーチの冒頭で、マンデラは引退をほのめかした。「みなさんもおわかりでしょうが、わたしは正式に公人としての生活を引退すると宣言しましたから本当はここにいるべきではないのです。しかし、貧困、不公正、著しい不平等がこの世にある限り、わたしたちはだれも本当の意味で休息することはできません」

2007年、彼はロンドンに戻り、パーラメント・スクエアでの彫像の除幕式に出席した。「これはひとりの男の彫像ですが、実際には、像が象徴するのは抑圧に抵抗したすべての人々、とりわけわが国の人々でなければなりません。南アフリカの闘争の歴史には、勇敢な男女の物語が多数あります。指導者もいれば、あとに続いた人もいて、記憶にとどめられるにふさわしい人ばかりです」

2008年、マンデラは再びロンドンにいた。90歳の誕生日の前夜、大勢の人々とハイド・パークで46664コンサートに参加していた。マンデラは観衆に向かって話した。「20年前、ロンドンでわたしたちの自由を求める歴史的なコンサートが開かれました。みなさんの声は海を渡り、はるかかなたの刑務所の房にいるわたしたちに力をくれました。今夜、わたしたちは自由です。ロンドンにまた戻ってこられて光栄です」

「このコンサートを楽しみながら、もう一度心にとどめておきましょう。わたしたちのするべきことは、まだ終わりません。貧困と病、そしてエイズがあるところには、人間が抑圧されているところには、まだするべきことがあります。わたしたちは、万人の自由のために努力しなくてはなりません。今夜、ともに確認しましょう。わたしは90年近い人生を生きてきました。そろそろ新たな担い手に大きな仕事を引き継ぐときです。今度はみなさんが活躍する番です。あとをよろしく」

それがマンデラの国外での最後のスピーチとなった。

南アフリカで彼が出席した最後のイベントのひとつは2009年、アフリカ民族会議（ANC）の選挙集会だ。集会は、彼のクヌの自宅から近いイドゥティワでおこなわれた。マンデラの衰えた姿は、少々報道関係者を興奮させた。そして、最後のカーテンコールは、ゴルフカートに乗ってあらわれた、FIFAワールドカップ決勝。2010年、ヨハネスブルグでのことだった。

# 「今度はみなさんが
# 活躍する番です」——ネルソン・マンデラ

上：「今度はみなさんが活躍する番です」

◆ネルソン・マンデラ国際デー

　2009 年、ネルソン・マンデラの 91 歳の誕生日に初めて、半公式のマンデラ・デーを祝うため、いくつかのイベントがおこなわれた。同年の 11 月、国連総会の全会一致でネルソン・マンデラ国際デーが正式に発表された。

　マンデラ・デーは世界じゅうの人々に、マンデラを称えてボランティア活動や社会奉仕に参加しようと促す日だ。67 分間の時間をだれかのために使う。67 分というのは、マンデラが社会正義のための闘争にささげた年数を 1 年につき 1 分で換算した時間だ。

　7 月 18 日はマンデラ・デー。この日を、年に 1 度のマンデラの祝祭として、南アフリカ人が盛大に、さまざまな趣向を凝らして祝うようになった。だれもがお金を出し合い、小さなことでもいいから自分が役立てることをする。学校から企業や非営利セクターまでみんな。ゼルダ・ラグレインジが毎年この日に（年に 2 回のこともある）主催する、オートバイによるツーリングもその活動のひとつだ。ほんの数年のうちに、マンデラ・デーは南アフリカの感謝祭といえるほどになった。

左：ネルソン・マンデラ博物館のマンデラ・デー行事。ムケケズウェニにて
上：マンデラ・デーに、マシェル夫人がクヌのコミュニティ菜園の植えつけを手伝う

　ネルソン・マンデラがその後、公の場にあらわれたり、個人的にだれかと会ったりしたのは片手で数えられる程度だった。2010年から2013年まではクヌの農場で暮らしていたが、人前に姿をみせることはなく、家の2階で医師たちに囲まれていた。ヨハネスブルグのほうが医療施設はずっとよいにもかかわらず、マンデラはどうやら、ハウトンの家からクヌに移り住みたいと強く希望したようだ。彼は故郷の畑や草原や牧草地、そして牛をみているほうがくつろげたのだ。

　2011年、家族はささやかなパーティーをマンデラの93歳の誕生日に、クヌの家で開いた。集まったのは数名の近しい家族だけで、このとき、もっとも目を引いたのは、マンデラの妻と前妻とが彼の両隣にいたことだった。パーティーの間じゅう、静かで厳かな空気が流れていたが、主賓の心はどこか遠いところにあるかのようだった。その年のうちに、くつろいだ雰囲気で彼のひ孫の命名式が、マンデラ家の2階の居間でおこなわれた。彼はほとんどしゃべらなかったが、赤子を腕に抱いて、とてもうれしそうだった。彼の根底にあるものは、過去からずっと変わらなかった。

　2011年10月、マンデラは国勢調査に協力するよう求められた。具体的には、統計局局長がマンデラを訪問してその様子を撮影し、撮影スタッフはベストショットを集めてメディアに配布するので協力してほしいということだった。その狙いは、多くの南アフリカ人に国勢調査に参加するよう促すものだった。

これを最後に、彼の姿は多くの人々の目に触れることはなくなった。

2012年、ツツ大主教の81歳の誕生日に映画の撮影をしていたところ、1本の電話がマンデラの"事務所"からかかってきた。マンデラからの誕生日のお祝いの電話だった。数分後、大主教は受話器を置いて、老マンデラはだれと話しているかわからなくなってしまった、といった。ツツは2013年にプレトリアの病院にマンデラを見舞いにいって再会している。マンデラが亡くなる数カ月前のことだ。

左：マンデラの93歳の誕生日パーティー。クヌの自宅にて
上：93歳の誕生日を迎えたマンデラ

# マディバの最期の日々の写真から

2011 年 9 月 16 日、マンデラ邸、クヌにて。

「2011 年の終わり頃、わたしはマディバの孫、ズウェリヴェリレ・マンドラ・マンデラ首長から、ふたつの行事を映像とスチールで撮ってくれないかといわれました」

「まずわたしたちは、家族だけの儀式を撮影しました。マディバが生まれたばかりのひ孫に命名する儀式です。その翌月、彼は最後となる公の務めを果たしました。それは愛する南アフリカ国民に国勢調査に参加するよう呼びかける仕事でした」

「マディバはまったく元気がなく、ぼんやりしているようでしたが、それでもよそよそしい様子はまったくありませんでした。わたしたちはそのふたつの行事が彼を撮影する最後の機会になるとは思いもしませんでした」

「これらの最後の画像のなかに、わたしが彼の部屋から出るときに撮影したものがあります。マディバはソファに足を上げてすわり、大好きな農場を背景に、横向きの影のように写っています。しんとしていて、彼は満ち足りているようにみえました。マディバはそこにすわるのが好きでした。故郷の土地がみえなければ、彼はもうひとつの、ハウトンにある自宅にいると思ったことでしょう。ヨハネスブルグは彼がいたい場所ではありませんでした」

「これら最後の撮影の機会はとても寂しいものでした。マディバの心はすでに、ほとんどの時間は空っぽだったのです。その男の赤子の命名式の日、わたしたちは何度も、マンドラ氏を通じてマディバに笑ってくれるよう頼まなければなりませんでした。笑ってくれるのですが、ほんの一瞬で——それからまた無表情になってしまうのです」

「わたしたちはメディアに写真を配布するよう依頼されました。配布する写真は慎重に選び、マディバが少しでもさえない印象をもたれそうなものは除外しました。選んだ画像をマンドラ氏に送り、承認を得てからメディアに送りました」

——ベニー・グール（フォトジャーナリスト）

左上：〔世界の著名人が集う〕"エルダーズ"の立ち上げに参加するマンデラ。ムプマランガ州にあるリチャード・ブランソンの狩猟場にて
左下：毎年恒例のネルソン・マンデラ講演会で、2007 年に講演した国連事務総長のコフィー・アナン
右頁上：2003 年のネルソン・マンデラ講演会で講演したケニヤのノーベル平和賞受賞者、ワンガリ・マータイ
右頁左下：アカデミー賞受賞俳優、フォレスト・ウィテカーとマンデラ
右頁右下：2007 年、元アメリカ大統領、ビル・クリントンとマンデラ

# 第 9 章

# 終焉

ネルソン・マンデラの地上における最終章は、
家族間の争い、健康状態を巡る憶測、
メディアによる中傷という、
許しがたい光景だった。

　子どもや、孫の不和は世間に知れ渡っていた。マンデラは最後の数年を、クヌとハウトンの家を行き来しながら過ごした。衰えた体と衰えた心にとらわれ、医師たちに囲まれて。マンデラの寝室は実質的には病室と同じようなものだったが、それでも何度かは専門的な治療を受けるために入院しなければならないことがあった。マシェル夫人は、ずっとマンデラの手を握っていた。

彼は歩くために闘い、記憶力の減退と闘った。何度も肺の病を繰り返していたのは、昔肺炎を患ったせいだった。そのうえ彼の免疫系は疲弊していた。彼がゆっくりと遠ざかっていくにつれて、家族の小競り合いはピークに達した。いちばんひどかったのは、ズウェリヴェリレ首長が親族3人——父、おじ、おば——の墓をクヌからムヴェゾに移したときだった。マンデラが入院中の2013年7月、世界じゅうのメディアが外で待機するなか、おばのマカジウェをはじめとする親族がこう訴えた。首長はマンデラをムヴェゾに埋葬されるよう画策し、将来的にムヴェゾに観光客を呼び込もうとしたというのだ。裁判所は首長に、墓をクヌに戻すよういい渡した。

> 彼がゆっくりと遠ざかっていくにつれて、
> 家族の小競り合いは激しさのピークに達した。

左：マンデラとマシェル夫人。双方の子どもたちと
上：マンデラの父、ムパカニスワ首長の墓地。クヌにて

　実にさまざまなうわさがマンデラの最後の６カ月間に飛び交った。意識はあるのか？　生命維持
装置につながれているのか？　苦しんでいるのか？　延命装置は残酷ではないか？　政府は一般向
けに定期的に情報を更新したが、決して多くを語らなかった。マンデラは予断を許さない状態だが、
安定はしている。政府の発表はいつも同じだった。新しく伝えることがないのだろうと、人々は推
測するほかなかった。南アフリカの象徴的な人物は、息を引き取りつつあった。日ごとに、少しず
つ。

左：マンデラと孫のムブソ
右：娘のジンジ

### ◆最後の準備

　南アフリカは何年も前からネルソン・マンデラの死に備えてきた。葬儀委員会が設立され、政府の全部門、企業、民間の非営利セクターが、趣向を凝らした計画を立ててマンデラに別れを告げようと考えていた。町も大都市も、詳細に葬送を計画し——前もってバナーやポスターを作り——、実際の行事の何年も前に準備を整えていたところもあった。いっとき、亡骸はプレトリアとケープタウンの国会に公開安置される計画があった。議会はすべての準備作業をし、イメージづくりをし、動線を詳しく検討し、予想される群衆を市内でどう導くかを検討した。しかしその後、ケープタウンは公開安置の計画からはずされた。

　世界の報道機関がクヌの建物を何年も前から借りて村に拠点を置き、やってくるその日に備えた。世界じゅうの指導者たちがマンデラについてのオピニオン記事を新聞各紙に前もって寄せ、それらの記事は彼が亡くなるまで保管された。新聞社は号外を、放送局はドキュメンタリー番組を用意し、準備は整っていた。

2013 年 12 月 5 日、マンデラ逝去の速報が伝えられると、
人々の心には、さまざまな感情が交錯した。
ショック、安堵、深い喪失感。もう長くはないと
いわれだしてずいぶん時間がたっていたので、
だれもがそれなりの覚悟をしていた。それでも彼は
ずっと生きていてくれるのではないか、と思わせる
なにかがあったのはたしかだ。しかし彼は
疲れていた。長い道のりは終わったのだ。

それから何日も、喪失感はなかなか消えなかった。
彼は南アフリカ人に自分たちは特別だと感じさせた。
彼こそが南アフリカであり、アフリカ大陸最大の宝だった。
彼のような人物は 10 年にひとり、いや、
1 世代にひとりだって出ないだろう。
2 度とあらわれないかもしれない。

左：マンデラ逝去の発表後におこなわれたデズモンド・ツツ大主教と娘のムポ・ツツ参事司祭による記者会見

# 国民の祈り

きょう、国民は家族の心で祈ります。

わたしたちは、解放の神に愛の祈りを捧げます。神は気高く偉大で、たくましく、わたしたちを救ってくださいました。わたしたちの国を呪縛の家から自由の家にお導きになりました。その神はわたしたちに、ネルソン・マンデラをお授けになったのです。わたしたちの国父、ネルソン・マンデラを。

痛悔の祈りを捧げます。わたしたちはここに、つつましく、失意のもとにあります。あらゆる意味で、主の栄光に遠くおよばないことに心を痛めています。わたしたちはここに、悲しみにくれています。あらゆる意味でマディバが示してくれた模範に遠くおよばないからです。マディバは高潔であること、許し和解すること、人々のために人々を導くことの大切さを、身をもって示してくれました。

感謝の祈りを捧げます。主に感謝いたします。気高さとは、わたしたちのおよばぬ完璧さではなく、生身の人間が、さまざまな欠点や短所をもっていながらも体現できるものです。ですから、わたしたちは主に感謝いたします——ネルソン・ホリフラフラ・マンデラのために。主に感謝いたします。この人が勇気をもって学び、成長したことを。この人の勇気と、その勇気が彼とわたしたちの想像を超える勇気だったことと、そしてこの人が勇気をもってわたしたち国民すべてのために尽くす人になってくれたことを。

嘆願の祈りを捧げます。わたしたちは主の前に、深い悲しみにくれています。主が南アフリカをお守りくださいますように。南アフリカに主のご加護を。南アフリカのこれからの指導者をお導きください。南アフリカの子どもたちをお守りください。どうか南アフリカに平和を。

アーメン。

### ◆葬儀

　国葬は 10 日以上かけておこなわれた。12 月 10 日、公式の追悼式はヨハネスブルグでおこなわれた。会場は、スペインがオランダを破り 2010 年の FIFA ワールドカップ優勝を果たした、あのスタジアムだ。その日は雨が降り、群衆から南アフリカ大統領、ジェイコブ・ズマへのブーイングが起こっていた。主だった演説者のひとりは、アメリカ大統領のバラク・オバマだった。

　「南アフリカには、ある言葉があります。"ウブントゥ"――マンデラの最大の才能をよくとらえた言葉です。彼は理解していました。我々はみな、目にみえないなにかでつながっていて人類はひとつであるということを。人間らしい人間になるには、ほかの人々の気持ちを理解し、ほかの人々をたいせつにしなくてはならないということを」

　「彼がこういったことをどの程度、生まれながらに知っていて、どの程度、暗い独房で過ごすうちに理解を深めていったのかはわかりません。しかし我々は、彼が行動で示したことは覚えています。多くの人々の前で示したこともあれば、さりげなく示したこともありました。刑務所の看守たちを大統領就任式に賓客として紹介したり、スプリングボクスのユニフォームを着て競技場にあらわれたり、家族同様の痛みと悲しみをもって HIV とエイズの問題への取り組みを呼びかけたり――これらの行動は、彼がいかにほかの人々に共感し、ほかの人々を理解していたかをあらわしていました。彼は "ウブントゥ" を体現していただけでなく、何百万という人々に教えてくれました――真実は己のなかにあるのだと」オバマ大統領はそう語った。葬儀の後、マンデラの遺体はプレトリアのユニオンビルに 3 日間公開安置され、彼の死を悼む人々は亡骸をみることができた。

　12 月 14 日の土曜日、アフリカ民族会議（ANC）はウォータークルーフ空軍基地で内輪の告別式をおこなった。遺体はその後、プレトリアからクヌに運ばれ、翌日埋葬された。マンデラのそばには、常に孫のズウェリヴェリレ首長の姿があった。彼は静かに祖父に話しかけていた。まるでマンデラを安心させながら故郷のクヌへと導いているようだった。

　ウォータークルーフ空軍基地での告別式の弔辞で、ズウェリヴェリレ首長はいった。「この 3 日間、わたしは公開安置されている祖父のそばにすわっていました。その間、祖父の軍隊をこの目でみました。祖父のもとで働いた人たちをみました。一般市民のみなさんをみました……。わたしはANC のみなさんに、この国の未来は明るいことを請け合います」。そして、彼は祖父に向かってつけ加えた。「ゆく手にはまだ長い道のりがあります。"自由の日" にまた会いましょう」

## 「ゆく手にはまだ長い道のりがあります。"自由の日" にまた会いましょう」

――ズウェリヴェリレ首長

## ◆最後の帰郷

　ウムタタはクヌにいちばん近い都市だ。そこにある空港は葬儀に備えて改修されていたが、設備は老朽化していた。建設当初のままで増築されなかったので、のちに流入した人口に対応できず、いつも——すいている日でさえ——大混乱だった。

　1880年代に町となったウムタタは、のちにトランスカイ〔自治を認められたホームランドのひとつ〕の首都の役割を果たした（ネルソン・マンデラ博物館はかつてのトランスカイ議会の建物〝ブンガ〟にある）。

　悲しみに満ちて騒然とした、重苦しい雰囲気のウムタタ空港に、軍用機が大切な積み荷をのせて、土曜日の朝、2機の戦闘機につき添われて飛んできた。世界じゅうのほとんどの国の報道機関が待ちかまえ、警察と兵士でごった返すなか、要人が続々と到着し——車列は青色灯を光らせ、サイレンの音を響かせていた。

　棺は軍用機から棺台へ、そして霊柩車へと移された。霊柩車は町の中心に停車して一般の人々に弔問してもらう予定だったが、人が多すぎたため中止になった。動きが取れないほどの状況だった。その晩、マンデラは故郷で最後のときを過ごした。

上：伝統的な装身具を身につけた女性たちが、ウムタタ空港とクヌのマンデラ永眠の地の間を通る道路に並ぶ

写真：葬儀の前日、マンデラの棺をのせた霊柩車がクヌにある彼の農場に向かう

上：棺をマンデラの農場での葬儀に運ぶ様子

## ◆招待制の葬儀

「葬儀では参列者をチェックする作業があったのです。

　マンデラの農場でおこなわれる葬儀への招待状は入手するのがとても困難でした。招かれなかった人は、葬儀の様子を町にいくつかあるパブリックビューイング場でみなければなりません。ウムタタには何万人もいるのに、その３分の１しか葬儀会場の巨大なテントには入れません。

　わたしたちは正式な許可をもらってクヌでの葬儀を記録する一方で、公式な葬儀報道センターを取り仕切っていたマンデラ博物館の手伝いもしていました。そのうえ、わたしたちは常にズウェリヴェリレ首長と連絡を取り合っており、葬儀には是非出席してくれといわれていました。ところが、わたしたちは招待状を持っていなかったのです！

　それとは別に、ツツ大主教の出席について大騒ぎになっていました。わたしたちは大主教に関する報道を手伝っていましたが、棺をのせた飛行機が着陸するなり電話がひっきりなしに鳴り、大主教の所在の問い合わせが殺到したのです。大主教はこないのか？　招待されていないのか？　それなのに政府は、きみたちは招待状なしで出入りできるといっているのか？　それまでの20年、大主教は反アパルトヘイト闘争の重鎮たちの葬儀をほとんどとりおこなってきました。マンデラとは個人的に親しく、マシェル夫人のよき友で、仲間でもありました。報道関係者は当然、ツツ大主教が葬儀をおこなうものと思っていたので、彼が招待されていないことに驚きあきれていました。

　葬儀の前日、わたしたちは町の認定機関に出向いたものの、自分たちの招待状を確保できずに、夜、ネルソン・マンデラ博物館に戻りました。館では葬儀計画委員会が会議をしていました。わたしたちは少し話をさせてほしいといって自己紹介をし、ツツ大主教の件でとても困っていると話しました。このままでは、葬儀の話題がこの件でもちきりになってしまう。委員会から大主教に、ぎりぎりの招待で恐縮だがきていただけるよう説得してもらえないだろうか？　実はすでにこのことを、大統領つきのマック・マハラジ報道官と話しており、大臣がひとり、早朝のチャーター便でウムタタに向かうときいていました。しかし、大主教が招待を受けてくれるかどうか心配でした。

　やっと大主教から、トレヴァー・マニュエル大臣といっしょに、翌朝、こちらに向かうという返事がきたときには、胸をなでおろしました。ゼルダ・ラグレインジの話では、マシェル夫人はツツ大主教を招待リストに入れようと奮闘していました。しかし、彼女自身には大主教を招く力はありませんでした。なぜならリストは政府やアフリカ民族会議（ANC）に掌握されていたからです。一方、ゼルダは葬儀の前日、ほぼ１日じゅうジョージ・ビゾスの席を確保しようとしていました。詳細は、彼女の著書『ネルソン・マンデラ　私の愛した大統領——秘書が見つめた最後の19年』に書かれています。

　当然ですが、大主教の信念は、ことをうまく運ぶうえであまり助けになりませんでした。彼はますますANCを公然と批判するようになっていましたし、元夫人のウィニー・マンデラとの関係は——表向きは友好的でも——真実和解委員会で対立して以来、ひどく損なわれていました。

　午前１時頃、ズウェリヴェリレ首長が手配してくださり、わたしたちはクヌの家の外で招待状を受け取ることになりました。それで自分たちの席を確保できたのです」

**──ベニー・グール（フォトジャーナリスト）、ロジャー・フリードマン（ジャーナリスト）**

上：マンデラの葬儀に出席するツツ大主教
下：マンデラの弁護士、ジョージ・ビゾス主席弁護士が息子のアレキシと棺につき添ってマンデラの葬儀会場に向かう様子

# アメッド・カスラーダによる追悼演説

「マンデラ、ここ数年、気軽に電話してくれるようになったところだったから、とても悲しい。しかし心を奮い立たせて、これを書いています。きみの死はまだ、生々しい傷としてわれら国民の心を痛ませています。

きみと知り合って67年になりますが、わたしはまさか、きみの死という、避けては通れないけれど痛々しい現実に向き合うことになるとは思っていませんでした。きみは実に多くのものを持っていました。愛、純真さ、誠実さ、貢献、謙虚さ、配慮、勇気、洞察力、忍耐強さ、寛大さ、平等、公正。それらは常に、大きな力の源となり、わたしや世界じゅうの数えきれない人々を支えてきました。きみの笑顔がまだ目に焼きついています。きみはいつも心から笑い、決して無理に笑うことはありませんでした。そしてきみは、自分をとりまく世界を大いに楽しんでいました。特に子どもたちとの触れ合いを楽しんでいたことはみていてよくわかりました。なによりもきみは、いまも、これから先もずっと、指導力、和解、結束、許し、建国の象徴であり、人種や性別による差別のない民主的な南アフリカを代表する存在なのです。

きみの自信とふところの広さは、いまも語り草になっているし、それは諸野党へのきみの態度によくあらわれていました。きみにとって野党は、敵ではなく政治上のよきライバルでした。わたしは人がうらやむような特別な経験をしました。それは、生きて、この地上をきみとともに歩み、苦楽をともにしてきたことです。長い道のりでした。多くの困難があり、ときには乗り越えられないと思われたこともありました。それでもわたしたちは決してくじけず、きみやウォルターのような立派な指導者が、いつもその道に光を当て、わたしたちの行き先とわたしたち国民の未来をみせてくれました。きみに先立たれて悲しく、寂しい思いです。これからいったいだれが、わたしを元気づけ、慰め、わたしに助言してくれるのでしょう？

わたしたちは悲しみの淵にあっても、誇りに思い、感謝します——障害と苦しみだらけの長い道のりの後で、最後まで自由のために闘ったきみに敬意をあらわせることを。

さらば兄よ。きみはわたしの師であり、わたしを導いてくれる人でした。わたしたちは、もてるすべての力を尽くし、強い意志をもって、南アフリカの国民、そして世界の人々とともに、きみが生涯をささげた理想と価値観を守っていくことを誓います」

**——アメッド・カスラーダによる追悼演説。ネルソン・マンデラの葬儀にて。**

彼は青空のもと自分の土地に埋葬された。
その場所は、自宅の2階の、
彼が好んですわったところからよくみえる。

### ◆葬儀

　正式なキリスト教式の葬儀が巨大テントでおこなわれた後、棺は棺台にのせられ最後に 200 メートルほどやや急な斜面を登って墓地に到着した。高齢の追悼者たちは遅れをとらないように苦労して斜面を歩いていた。ヨハネスブルグでの追悼式の特徴は、演説をしたのがアメリカ大統領のバラク・オバマ、潘基文国連事務総長、ブラジル大統領のジルマ・ルセフら世界各地からの参列者だったことだ。それに対し、クヌでの葬儀はアフリカ色が強かった。アフリカ連合のハイレマリアム・デサレン総会議長、南部アフリカ開発共同体のジョイス・バンダ議長、タンザニアのジャカヤ・キクウェテ大統領が演説し、ザンビア前大統領、ケネス・カウンダが明るく謝辞を述べた。

　カウンダ前大統領は参列者を大笑いさせた。アパルトヘイト時代に南アフリカを統治した者たちとの交流について思い出話をしたのだ。彼は何人かの統治者に会ったことがあり、そのひとり目が B・J・フェルスター首相だった。3 日間にわたる彼との会談は、ザンビア川にかかる鉄橋の上でおこなわれた。

　「わたしはフェルスター首相に、どうかネルソン・マンデラと彼の仲間を釈放し、いっしょに話し合いにきてください、とお願いしました。ききいれてもらえませんでした。その後、またボーア人（白人）の指導者が──ブアタとかいう名前だったかな──南アフリカの未来について話し合いたい

と、やってきました。そのときも、わたしの願いはきき入れられず、実りのない話し合いで終わりました。それからF・W・デクラークと会い……会談の数時間後に、わたしは記者会見を開いていました。『彼は話のわかる人だと思います』と。本当に、ほっとしました。デクラークはこの偉大なる男を釈放してくれたのですから」

　葬儀企画委員長のシリル・ラマポーザが"時間切れ"だと知らせると、カウンダは「ボーア人と闘った年寄りに指図するのかね」と抗議した。

　マンデラの孫娘、ナンディは祖父の体験談を覚えていると話した。「祖父は想いを寄せる女性の家で恥をかいたそうです。というのは、ナイフとフォークの扱いがあまりうまくなく、チキンが何度も皿から飛び出してしまったからです」。マンデラの孫、ンダバは公式の追悼記事を読み上げた。「政界を引退した後もなお、彼は社会問題に関心を持ち、HIVとエイズの問題や、この国の子どもたちの幸福の追求に取り組みました」

　「祖父は忍耐強くよりよい世界を実現しようとしたことの証として、"エルダーズ"というグループを結成しました。これは世界の著名人たちの集まりで、彼らの経験と影響力を生かし、平和と人類の共通利益を追求しようというものです」ンダバはそう話した。

左：棺台にのせられた棺がマンデラの葬儀会場に到着する様子
上：葬儀の様子

　巨大テントにいた参列者のうち、ほんのひと握りの人しか墓地には同行できなかった。埋葬もまた、招待制だった。棺が墓穴に下ろされるときに立ち会えなかった人々のなかには、マンデラの秘書、ゼルダ・ラグレインジもいた。彼女はテントの外の草原にすわり、すすり泣いていた。10日におよぶ葬儀の様子は逐一、世界じゅうに生中継された。しかし、棺が丘に到着すると、テレビの画面は暗転した。こうしてマンデラはようやくプライバシーを得た。

　埋葬の様子について書かれたものが www.virgin.com に掲載されている。イギリスの億万長者で実業家のリチャード・ブランソン卿が書いた文章だ。「葬儀の後、マンデラ家の招待で、わたしは埋葬に立ち会いました。これはもっと少人数でおこなわれ、非常に感動的で私的な、コサの伝統儀式でした」と、ブランソン卿は書いている。「一瞬、マディバの孫が墓穴に落ちたかと思うと、3人の男が彼を引き上げました。彼はけがもなく、服装も乱れていませんでした。すると別のお孫さんが墓穴から引き上げられました。わたしは知りませんでしたが、コサの伝統では、棺の上に降り立ち、故人とのきずなとなった品を残してくることになっているのだそうです。いちばん感動したのは、マディバの墓石が据えられたときのツツ大主教の最後の言葉でした。「墓石などなくても、わたしたちは彼を忘れない。彼はわたしたちの心のなかに居続けるでしょうから」

写真：経済界を代表する人物や王族が VIP として名を連ねていた

294 | マンデラ　その世界と魂の記録

写真：葬儀でマンデラを追悼する人々

# 追悼の言葉

　あなたはわたしたちに、自由と人間の尊厳への道が、愛と、英知と、相互の思いやりのなかにあることを示してくれました。ネルソン・マンデラはわたしたちみんなの励みです。
　──コフィー・アナン（第7代国連事務総長）

　歴史はネルソン・マンデラを、人間の尊厳と自由の巨人として、平和と和解の巨人として記憶するでしょう。わたしたちは彼を比類なき寛大な思いやり深い人として記憶するでしょう。彼にとって恨みを捨て敵を尊重することは、単なる政治的戦略ではなく、生き方そのものでした。
　──ビル・クリントン（第42代アメリカ大統領）

　我々はこの課題にどう取り組んだらよいのだろう。民主的で、人種差別も性差別もない、豊かな南アフリカを築き、国民中心の社会を、飢餓や貧困や病気や不平等に脅かされない社会をつくり、アフリカを復興するという課題に。これらを実現するために、ネルソン・マンデラ大統領はその生涯を捧げたというのに。
　──ターボ・ムベキ（第9代南アフリカ大統領）

　昨夜、ネルソン・マンデラのご逝去に接し、深い悲しみを覚えております。彼はたゆみなく国のために尽くしました。今日の平和な南アフリカは彼の遺産です。
　──イギリス女王　エリザベス2世

　この世の偉大な光が失われた。ネルソン・マンデラは我々の時代の傑出した人物だった。彼は生きていたときも伝説であり、死んでもなお伝説であり続ける。真の世界的英雄である。
　──デイヴィッド・キャメロン（第75代イギリス首相）

　マンデラ氏の歩んだ道──ロベン島の囚人から、新たな自由の国、南アフリカをつくりあげた建国の父へ、そしてノーベル平和賞受賞者へと歩んだ道──は、たったひとりのたくましい人間に一国の歴史を変える力があることを、我々に教えてくれました。
　──アンゲラ・メルケル（第8代ドイツ首相）

　彼は国家が前進するためには、弱音を吐かずひたすら歩き続けるしかないことを、身をもって示しました。彼の寛大さは伝説です──そのおかげで、南アフリカ国民は計り知れない苦悩をまぬがれたのです。
　──スティーヴン・ハーパー（第28代カナダ首相）

　マンデラ博士は、世界じゅうの抑圧された人々の励みでした。彼の生涯をかけた、壮大な闘い──自国の抑圧された人々の自由、公正、正義、公平、人権をかけた闘い──が人々に勇気をくれたのです。
　──グッドラック・ジョナサン（第14代ナイジェリア大統領）

わたしは、彼が生涯にわたってアパルトヘイトの終焉に貢献したことを称賛しました。すると彼は「わたしだけではありません。有名無名の大勢の人々が貢献したのです」といいました。その言葉が、ずっとわたしの心に残っています。
──潘基文（第8代国連事務総長）

　マンデラ氏は、積極的に中国と南アフリカの間に友好的な関係を築き、さまざまな分野で協力してくれました。中国国民はこのことを永遠に記憶にとどめるでしょう。彼が人類の発展のために比類なき偉業を果たしたことを。
──習近平（第7代中国国家主席）

　アフリカ連合は表敬の半旗を掲げるとともに、再び初心に立ち返り、アフリカをあげて彼の遺産を称え続けます。
──ヌコサザナ・ドラミニ゠ズマ（第3代アフリカ連合委員長）

　わたしたちがマンデラ氏から学んだのは、決して運命を切り開く道を後戻りしてはならないということです。
──ウフル・ケニヤッタ（第4代ケニア大統領）

　わたしたちは政敵で──また、激しくやり合うこともありましたが──ここぞというときには歩み寄り、交渉の過程で持ち上がった多くの危機を打開することができました。
──F・W・デクラーク（第7代南アフリカ大統領）

　彼はわたしたちみんなに教えてくれました。なんびとも、肌の色や、出自によって差別されるべきではないと。
──アウンサンスーチー（現・第1代ミャンマー国家最高顧問）

　ひとりの巨人が亡くなった。これは南アフリカの損失であると同様に、インドの損失でもある。彼は真のガンディー主義者だった。
──マンモハン・シン（第17代インド首相）

　彼に感謝するには、できる限り人類がひとつであることを尊重し、平和と和解のために尽力するのがいちばんです──彼がそうしたように。
──ダライ・ラマ14世

肩書きは当時。あるいは代表的な職務を記載。

# ゼルダ・ラグレインジ

「マディバが釈放されて数年間、彼を支えるチームはアフリカ民族会議（ANC）の信頼できる仲間で構成されていました。公務や煩雑なお役所仕事によって、彼が仲間から引き離されることはありませんでした。なにしろ、南アフリカで初の民主的選挙が 1994 年におこなわれる前のことで、暴力的な生みの痛みを伴う時期でしたが、あの頃は喜びに満ちていました」

「そして、大統領に選ばれた後は、マンデラは公務員のスタッフを引き継ぎました。そのひとりがゼルダ・ラグレインジでした。彼女は、その後の彼の人生に非常に特別な役割を果たすことになります。わたしははじめ、それほどゼルダに好感をもっていませんでした。彼女は若く、アフリカーンス語を話すタイピストで、ANC とはまったくかかわりがなかったのに、いきなりあらわれてすぐに幅を利かせはじめたようなところがありました。あの頃は難しい時期でした。やっとマディバの信頼を得られたと思ったら、若い白人女性があらわれてわたしたちに指図しだしたのです」

「マディバはもちろん俯瞰的に状況をみていました。ゼルダを秘書に選び、彼女に対して誠実に真心をもって接することで、彼は国じゅうに、新たな関係を築くことができるのだと知らしめていたのです。年月を経るにつれ、わたしはゼルダに敬意を抱くようになりました。気さくで飾らず、仕事にひたむきで、マディバに献身的に尽くしていたからです。そしてわたしたちは仲間になりました。ゼルダは常に気配りをしてくれ、大きな癒やしになりました。マディバにとっても、彼を大切に思う人たちにとっても。ゼルダは重要な位置を占めるようになりました。しかし、マンデラ家の人々のなかには彼女を快く思わない者もいました。マディバが病床に伏すようになると、彼らはゼルダを隅に追いやろうとしました。アフリカーナーのタイピストは、マディバの手をとり、夜は彼を寝かしつけてきたのに、まともにお別れをさせてもらえなかったのです。わたしはマディバの農場で多くの日々をゼルダと過ごしてきました。そこは思い出にあふれた場所でした。たくさんの"小さな足"も思い出のひとつです。毎年、何千という小さな足が、早朝の光のなか農場へ、マディバの有名な"子どものためのクリスマスパーティー"を目指してやってきました。実に多くの思い出があります。家族の誕生日、大切なお客様、彼の（オーガニック）農場の責任者による初めての作付け、大きくなっていく牛の群れ、2 階の部屋で最後に何度かマディバに会ったこと……」

「ゼルダはわたしが撮影した数千枚の写真に写っています。主役としてではなく、マディバに耳打ちしたり、彼の手を握ったりと、いつもマディバをサポートする姿で。葬儀の日、わたしはゴルフカートで農場をあとにする彼女の写真を撮りました（ついに主役！）。わたしはその数分前、墓地での最後の儀式を撮影するよう、マンデラの家族や数名の首長に招かれていたのに、ほかの人々の指示でその場から退場させられました。わたしが感極まって、つまずきながら丘をくだっていると、ゼルダが草原にすわってすすり泣いていました。彼女もまた、追い出されたのです」

「棺が墓穴に降ろされるところに立ち会えた人のなかには、マディバとほとんど面識のない人が何人も含まれていました。それなのに、ゼルダは立ち合いを許されなかったのです」

「やがて小雨が降りはじめました。それが最後でした」

──ベニー・グール（フォトジャーナリスト）

写真：マンデラとゼルダ・ラグレインジ

# 人種差別法

ネルソン・マンデラの存命中に制定された差別法の一部。

| 1923 年 | 原住民都市地域法 | 南アフリカの都市部を"白人地域"とみなし、"原住民居住区"と呼ばれるスラム街をつくり、安価な労働力供給源としてアフリカ人を住まわせた。 |
|---|---|---|
| 1926 年 | カラーバー法 | アフリカ人が熟練労働をおこなうことを禁止した。 |
| 1927 年 | 原住民行政法 | イギリス君主を全アフリカ人居住区において最高位の権限をもつと定めた。 |
| 1930 年 | 女性参政権法 | すべての白人女性に参政権を与えた。 |
| 1931 年 | 特権法修正法 | 白人男性に適用されていた所有、教育上のすべての特権を廃止。 |
| 1936 年 | 原住民代表法 | アフリカ人を普通選挙人名簿から削除。 |
| 1946 年 | アジア人土地所有法 | インド人の移動を禁止し、居住および就労可能な地域を規定した。 |
| 1949 年 | 人種間通婚禁止法 | 異人種間の結婚を禁止。 |
| 1950 年 | 背徳法 | 白人の他人種との性交を禁止。 |
| 1950 年 | 人口登録法 | 南アフリカ人に人種的特徴とアパルトヘイト政策の人種定義に基づいた分類、登録を義務づけた。 |
| 1950 年 | 集団地域法 | 都市部の商業地、住宅地を、人種ごとに割り当てた。 |
| 1950 年 | 共産主義弾圧法 | 南アフリカ共産党の活動を禁止し、共産主義思想の支持を禁止。 |
| 1951 年 | 原住民建設労働者法 | 建設業に従事する黒人労働者の技能訓練を合法化する一方で、働ける場所を制限。 |
| 1952 年 | 原住民身分証明書廃止および書類調整法 | いわゆる"パス法"。16 歳以上のアフリカ人に、白人地域に立ち入る際のパス携行を義務づけた。 |
| 1953 年 | 公共治安法 | 政府に非常事態を宣言する権限を付与し、これに従わない者への罰則を強化した。 |
| 1953 年 | バントゥー教育法 | 人種別の教育施設および教育課程を強制。 |
| 1953 年 | 隔離施設法 | 人種による公共の場、施設、サービスの限定を合法化。 |
| 1956 年 | 騒擾（そうじょう）集合法 | 司法大臣が平和を乱す可能性を認めた集会の禁止。 |
| 1960 年 | 非合法団体法 | 政府に、公共の秩序と安全を脅かすとみなされる組織の活動を禁止する権限を付与。アフリカ民族会議（ANC）とパンアフリカニスト会議（PAC）は即活動禁止となった。 |
| 1967 年 | テロリズム法 | テロ行為への関与が疑われる者を裁判なしで 60 日間（更新可能）拘留することを認めた。 |
| 1970 年 | バントゥー・ホームランド市民権法 | 黒人の南アフリカ国籍を剥奪し、彼らを 10 ある自治国"バントゥースタン"のどれかに属するよう義務づけた。以後これらの自治国をバントゥー・ホームランド、またはホームランドと呼ぶ。 |
| 1971 年 | バントゥー・ホームランド憲法制定法 | 政府にバントゥー・ホームランド、またはホームランドの独立を認める権限を付与。 |
| 1974 年 | アフリカーンス語教授言語令 | アフリカ人の学校で英語とアフリカーンス語を公用語とすることが義務づけられた。 |
| 1977 年 | 免責法 | 遡及法。1976 年の学生暴動鎮圧の際の政府と国の治安部隊の行為については、責任を問わないとした。 |
| 1982 年 | 国内治安法 | 複数の法律を改変して政府の権力を拡大し、団体、出版、行事、個人の活動を禁止し、裁判なしで容疑者を拘束する権限を強化した。 |

＊マンデラが生まれたのは 1913 年の「原住民土地法」の可決から 5 年後のことだった。その法律は結果的に、南アフリカのアフリカ人から生まれ故郷の土地の 87％を剥奪した。

# 南アフリカ共和国

ポロクワネ

ネルスプルイト

プレトリア

ソウェト ● ● **ヨハネスブルグ**

エスワティニ

ブルームフォンテイン

レソト

**ダーバン**

**ウムタタ**

**クヌ**

**ムケケズウェニ** ● ● ポートセントジョンズ

**ムヴェゾ**

ビショ

イーストロンドン

ロベン島 **ケープタウン**

ポートエリザベス

# 終わりに

> 「用心したほうがいい。怪物と闘っているとき、
> 自分自身が怪物にならないように……
> 深い奈落の底に目を凝らせば、奈落の底も
> こちらを凝視しているのだから」
>
> ——フリードリヒ・ニーチェ（1844〜1900 年）

350 年にわたって、南アフリカの黒人は人としての尊厳を剥奪されてきた——社会的にも、心理的にも、経済的にも。彼らは 14 世代にわたって、十分な教育を受けられず、発育不全で、隷属的な状態に置かれ、常に人間として"劣って"いると思いこんで生きることに慣らされてきたのだ。彼らも、その家族も非人間的な扱いを受け、将来のビジョンや夢を取り上げられ、自由の記憶は失われていた。

アパルトヘイトはナチズムと何度も比較されてきた。南アフリカの歴史には初期にいわゆる先住民——コイ人とサン人——の大虐殺があったが、アパルトヘイト時代の指導者たちは黒人を皆殺しにしようとはしなかった。黒人を服従させ、利用しようとしたのだ。ドイツが第二次世界大戦後に再建されたとき、国は混乱していたが比較的再建しやすかった。国の魂が 14 世代にわたって打ちのめされてはいなかったからだ。

ネルソン・マンデラが釈放されたときの南アフリカ社会は、ある意味うまく機能していた。経済は多くの国々の投資の撤収と経済制裁のせいであまりよいとはいえなかったが、それでも鉱物資源に恵まれ、証券取引も、しっかりした銀行制度ももっていたし、国営航空会社や世界的水準のインフラ——道路や港湾、建築物——が整っていた。すばらしい学校も、いい大学もあった。農業セクターがしっかりしていて、国民の食糧は十二分に自給できた。

しかし、社会は完全に機能不全に陥っていた。なぜなら、これらすべての資源は、総人口の 10%に満たない南アフリカの白人が握っていたからだ。そして、いつ大規模な人種戦争が起こってもおかしくない状況だった。アパルトヘイト政権は 1980 年代、断続的に非常事態宣言を出して権力にしがみつこうと最後のあがきをみせたが、国民の自由への渇望をくじくことはできなかった。世界はこぞって非道な南アフリカを非難し続けていた——そして、国は崩壊しかけていた。

マンデラの仕事は、南アフリカを深い奈落の底から救い出すことだった。彼がよりどころとした武器は、彼を捕らえた者たちが取り上げることのできなかった、人間性、思いやり、倫理、信念、公正さなどだった。

この本でも何度も引用しているマンデラの自伝『自由への長い道』で、彼はロベン島刑務所を去る所長についてのささやかなエピソードを紹介している。それは人間のありようについて、マンデラの理解を非常に深める出来事だったという。バーデンホルストという名の所長は、マンデラを所長室に呼び出し、"あんたら"の幸運を祈るといったそうだ。

「わたしはその瞬間のことを、その後長いこと考えていました。バーデンホルストはたぶんロベン島の所長のなかでももっとも冷淡で粗野な人物でした。ところがあの日、所長室で、いつもとは違う一面をみせたのです。それまでずっとみえなかったけれど、それはちゃんとあったのです。この件でわたしは再認識しました。これほど冷血な人間はいないと思われるような人にさえ、すべての人間の根底には良識があり、心動かされれば変わりうるのだと。バーデンホルストは悪人ではなかったのです。彼の非人間性は、非人間的な制度によってもたらされていたのです。心なくふるまっていたのは、残虐なふるまいをすれば褒美をもらえたからです」と、マンデラは書いている。

釈放されたとき、マンデラが直面したのはふたつの差し迫った問題、つまり平和の実現と、実際のひどい生活と理想の生活の差を縮めることだった。彼の考えでは、このふたつの問題は表裏一体で、経済とも密接につながっていた。平和な世の中になれば、財産権は保障され、景況感は上がり、外国からの投資も期待できる。そして貧困層のニーズに応えられる。まず必要なのは、南アフリカ人がお互いを人間としてみられるようになることだった。マンデラはこれを終生の使命とした。獄中にあっても彼は敵意を抱かなかった。敵意は自分を蝕み、究極的には国を亡ぼすからだ。彼はいろんな場面で、恨んでいないことを示した。ときにはそれを大々的に示すこともあった。例えば、彼がアパルトヘイト時代の首相の妻たちを招いた昼食会、それから 1995 年のあの日、エリス・パーク・ラグビー・スタジアムでのこともあった。そして毎日決まって、会う人すべてをすばらしい気分にしていた。彼はそれを人に説くだけでなく、自ら実行した。そのひとつの例が、彼が若いアフリカーナーのタイピスト、ゼルダ・ラグレインジを秘書に任命し、彼女と誠実につき合ったことだ。その結果、彼女は長きにわたって秘書として、また側近としてマンデラに仕え、成長し、彼に忠実だった。このことは、マンデラとかかわったすべての人たちに、彼がいかに偏見のない世界を本気で目指しているかを毎日思い返させてくれた。彼の和解のための行動と、批判を真摯に受け止める姿勢から、世界規模の伝説がどんどんふくらんでいった。欧米（白人）社会にとって彼は"よき黒人"の象徴であり、そのような人物が不足しているからアフリカの困難な状況が生まれるのだった。

ツツ大主教にいわせれば、マンデラは聖人ではなかった。彼にも過ちはあり、そのひとつは、仲間が間違ったことをしたときにも信頼したことだった。しかし、彼ほど聖人に近い人間がこの地球上を歩いたことはなかった。

ネルソン・マンデラは南アフリカを深い奈落の底から導き出した。しかし、大統領としての彼には 5 年間しかその猶予が与えられなかった。ほとんどのアパルトヘイト時代の構造的な不平等は根強く残っていた。復興開発計画では、家を建て、電気を引く作業が、新たに都市にやってくる人々の需要に追いつかなかった。そして、腐敗の最初の兆候が新しい国家を枯らしはじめていた。和解プロジェクトは放棄されてはいなかったが、明らかに優先順位は下げられていた。国の魂と国民の正義に対する自信を回復させようとする真実和解委員会の助言は、実行に移されなかった。

財政は厳しかった。国外からの投資は期待したほどではなかった。そしてマンデラが広い心で導こうとしているのに、富める南アフリカ人たちは政府の寛大さをいいことに自分たちの富を揺るぎないものにした。現金や現物による資産の再分配はなされず、分かち合うこともほとんどなかった。

マンデラの徳のなかでほとんど賞賛されないのが忍耐だった。しかし、彼の後に続く南アフリカの大統領たちが直面する大きな問題は、マンデラがいなくなった後いつまで、貧しい人々が粘り強く耐えられるか、ということだ。

マンデラ釈放後に彼のもとで働くようになった人たちのなかには、わたしが反アパルトヘイト闘争の状況下ですでに知り合っていた人々がいた。そのため、撮影をするにあたって、彼らと新たな関係作りからはじめる必要はなかった。マディバ（マンデラの愛称）の護衛担当の警察関係者についても同じことがいえる。マディバが大統領を退いてからは、彼の周辺の多くの人々がネルソン・マンデラ財団に移り、長年築いてきたわたしたちの関係は、時代の変化とともに再び発展していった。後年になっても、ネルソン・マンデラ博物館や、マディバの孫のズウェリヴェリレ首長と緊密に協力して仕事をしたため、わたしの英雄マディバを、30年以上もの間、撮影することができたのだ。

フォトジャーナリスト　ベニー・グール

　わたしとグールは非常に幸運だった。自国の歴史において重大な出来事が起こっている時期に、ジャーナリストとして仕事をしていたのだから。それに、自身の生い立ちと経験のおかげで、わたしたちはそれらの出来事を取材しやすい立場にあった。計画的にそうなったわけではない。わたしは大学中退の白人男性で、反アパルトヘイトのスポーツ活動の仕事をし、地元のピーターマリッツバーグの日刊紙に週に1度のコラムを書いたりしていた。とても聖人たちの活動の数々を執筆するなど考えられなかった。マディバといるときはいつも、自分は了見が狭く、彼と同じ空気を吸う資格もないように感じていたものだ。

ジャーナリスト　ロジャー・フリードマン

＊＊＊

　アフリカ大陸の南端にある南アフリカ共和国は、面積も広く、鉱物資源としては金とダイヤモンドを多く産出し、土地も豊かだ。この南アフリカで1948年、権力を握っていた白人がアパルトヘイトと呼ばれる人種隔離政策を採用した。これは、国民の大多数である黒人を低賃金で使って、それによって得られる収益を、総人口の10％にも満たない白人が独占するためのものだった。黒人は住む場所を決められ、職業も制限され、ろくな教育も受けられず、選挙権は制限され、警察に厳しく監視されていた。こういう差別に反対し、抗議する黒人は多かったが、警察や軍隊によって暴力的に押さえつけられていた。多くの黒人運動家やそれに賛同する人々が逮捕され、刑務所に入れられ、拷問を受け、処刑された。

　そんな黒人指導者のひとりが1918年生まれのネルソン・マンデラだ。反アパルトヘイト運動の先頭に立って戦ううちに逮捕され、1964年、国家反逆罪で終身刑を宣告され、27年間を刑務所で過ごす。しかし、刑務所のなかでも様々な形で運動を続けるだけでなく、仲間といっしょに、刑務所"大学"を作って、教育活動を繰り広げる。

　マンデラは1990年に釈放されると、アパルトヘイトを撤廃するために激しく戦って、1993年、デクラーク大統領とともにノーベル平和賞を受賞し、1994年、南アフリカ共和国の大統領となる。そして、敵対してきた白人指導者たちを敵視することなく、民主的な国家を作るべく努力する。大統領就任式のとき、世界の著名な指導者を前にした演説でこう述べている。「決して再び、この美しい国で、だれかがだれかに抑圧される状況が起こることはありません……。（中略）自由に勝利を。アフリカに祝福を」

　これは、20世紀の良心を代表するネルソン・マンデラの一生を写真とともにリアルに綴った本だ。生誕100年を迎え、彼が遺してくれたものを振り返るには格好の1冊だと思う。

　最後になりましたが、細かい質問にていねいに答えてくださった作者のベニー・グールさん、ロジャー・フリードマンさんと、在南アフリカ共和国日本国大使館の鳥羽孝多さんに心からの感謝を！

翻訳家　金原瑞人